Rufe

das

Universum

„Alle Dinge sind möglich dem,
der da glaubt" (Markus 9;23)

Inhaltsverzeichnis

Rufe

das

Universum

„Alle Dinge sind möglich dem,
der da glaubt" (Markus 9;23)

Vorwort

Rufe das Universum! So einfach ist es wirklich.

Wahrscheinlich sollte ich jetzt schreiben, wer ich bin und was ich alles kann und wie viele Abschlüsse ich im Laufe meines Lebens erworben habe.

Das will ich aber nicht :-)

1. wer liest schon gerne Vorworte
2. wird sich alles im Text sowieso fügen
3. wirst du spüren, ob du mit meinen Worten in Resonanz gehen kannst, egal, wer ich bin – oder ob du noch ein Weilchen brauchst

Ich werde dir von Wundern erzählen, die mir durchs Universum geschenkt worden sind, von der Macht des Universum, der Liebe, dem Frieden, der Harmonie, das Wohlwollen, die Weisheit und der Güte.

Mir ist alles Recht, was du mit Universum verbindest. Ob es Gott ist, Allah, Buddha, Mutter Maria, Engel, Starseeds, Feen, Elfen....alles ist für mich willkommen.
Alles das ist das Universum.

Basiswissen

Erst wenn wir einen Vorgang und seine Zusammenhänge wirklich verstanden haben und neue Antwortmöglichkeiten in uns zulassen, ist eine Änderung der Routinelösungen möglich.

Jede Veränderung ist ein Prozess und braucht Zeit. Je älter wir werden und je länger selbstschädigende Verhaltens- und Glaubensprozesse installiert waren, desto länger kann die Auflösung dauern.

Der Knoten kann jedoch auch schnell gelöst werden, je nach persönlichen Möglichkeiten. Wissen allein genügt nicht! Wir müssen die neuen Prozesse verstehen, aktiv umsetzen und neu installieren, damit sie sich automatisieren und zur neuen Wahrheit werden können – einer Wahrheit, die mit uns im Einklang steht.

Jedes JA – ABER ist nur ein Hindernis.

Solange es JA – ABER im Denken gibt, bedeutet das einfach NEIN.

Wir benötigen ein klar definiertes Ziel mit einer attraktiven Perspektive, um die Motivation für eine Neuprogrammierung zu stärken.

Unser Autopilot/Gewohnheiten ist ein ausgeklügeltes System, das uns Sicherheit vermitteln soll. Neuprogrammierungen können anfangs Unsicherheit verursachen, bis der Autopilot neu justiert ist.

Neues Verhalten wirkt zunächst fremd und kann Unsicherheit hervorrufen, ausgelöst durch die Sorge, wie andere auf unsere Veränderung reagieren könnten und ob negative Folgen entstehen.

Muster, die in der Kindheit vor der Einschulung sinnvoll waren, sind für Erwachsene oft nicht mehr zutreffend. Solange wir an die Erfüllung dieser alten Muster gebunden sind, ist eine Weiterentwicklung und die Akzeptanz neuer Strukturen nahezu unmöglich.

Die Denk- und Glaubensmuster, die uns in unsere aktuelle Lage gebracht haben, werden uns nicht daraus befreien, sondern tiefer hineinführen. Eine Kehrtwende ist erforderlich. Dort, wo die Angst ist, liegt der Weg.

Das Universum:

Das Universum ist der Begriff, der verwendet wird, um den gesamten Raum, die Zeit, die Materie, die Energie und alle darin enthaltenen Phänomene zu beschreiben. Es umfasst alles, was existiert, von den kleinsten subatomaren Partikeln bis zu den größten Galaxien und Sternensystemen.

Die Rufe an das Universum sind nicht nur Worte; sie sind Ausdruck unserer tiefsten Wünsche, Hoffnungen und Träume. Sie erinnern uns daran, dass wir Teil eines größeren Ganzen sind und dass unsere Gedanken und Absichten eine kraftvolle Resonanz erzeugen können. Wenn wir uns öffnen und bereit sind, zuzuhören, werden wir die Antworten finden, die wir suchen.

Das Universum ist ein faszinierendes und unendlich komplexes System, das seit Milliarden von Jahren existiert und sich ständig weiterentwickelt. Es wird durch Naturgesetze und physikalische Prinzipien geregelt, die es ermöglichen, dass Sterne entstehen, Planeten sich formen und Leben entsteht.

Die Erforschung des Universums hat zu bahnbrechenden Entdeckungen geführt und unser Verständnis von Raum, Zeit und Existenz erweitert. Astronomen verwenden Teleskope und andere Instrumente, um ferne Galaxien zu beobachten und die Geheimnisse des Universums zu entschlüsseln.

Das Universum regt viele philosophische Fragen an über unseren Platz darin, über die Natur der Realität und darüber, ob wir allein im Universum sind oder ob es noch andere Lebensformen gibt. Es ist ein Thema von endloser Faszination und Neugierde für Wissenschaftler, Philosophen und Menschen auf der ganzen Welt.

Das Universum wird in vielen spirituellen Traditionen als ein Ausdruck der göttlichen Schöpfung betrachtet, das mit einer transzendentalen Energie oder Bewusstsein verbunden ist. Es wird oft als eine Quelle der Weisheit, Harmonie und Einheit angesehen, die alle Lebewesen miteinander verbindet.

Spirituelle Vorstellungen vom Universum betonen oft die Idee, dass alles im Universum miteinander verbunden ist und eine gemeinsame Essenz teilt. Diese Einheit kann als göttliche Ordnung, universelles Bewusstsein oder kosmisches Band bezeichnet werden, das alle Dinge durchdringt und zusammenhält.

Das Universum wird auch als ein Ort der Schönheit, des Wunders und der unendlichen Möglichkeiten betrachtet. Viele spirituelle Praktiken zielen darauf ab, diese tiefe Verbindung zum Universum zu erkennen und zu pflegen, um inneren Frieden, Erleuchtung und spirituelles Wachstum zu erreichen.

In spirituellen Lehren wird oft betont, dass das Universum eine Quelle der Liebe, des Mitgefühls und der Güte ist, die es den Menschen ermöglicht, sich mit ihrer eigenen Göttlichkeit zu verbinden und ihr volles Potenzial zu entfalten.

Durch Glaube an eine höhere Macht, Achtsamkeit, Gebet, Affirmation, Dankbarkeit, Singen, Rituale, Meditation und Hingabe können Menschen eine tiefere Verbindung zum Universum herstellen und in Einklang mit seiner harmonischen Schwingung leben.

Letztendlich wird das Universum in spirituellen Kontexten oft als ein lebendiges, bewusstes und liebevolles Wesen betrachtet, das uns unterstützt, führt und nährt. Indem wir uns dieser spirituellen Dimension des Universums öffnen und sie anerkennen, können wir eine tiefere Bedeutung in unserem Leben finden und unsere Reise vorantreiben.

Schon in meiner Kindheit war das Universum für mich präsent. Ich betete früh, um mich mit dem Universum und Gott zu verbinden und eine sehr missbräuchliche Kindheit zu überstehen.

Leider erinnere ich mich nicht an alle Wunder meiner Kindheit, aber ich weiß, dass ich jeden Abend mit Gott sprach und um Schutz für mich, meinen Bruder, meine Katze und meine Mutter bat.

Früh im Leben spürte ich, dass ich eine bestimmte Aufgabe zu erfüllen hatte, obwohl ich nicht wusste, welche. Themen wie Ursprung, Seele, Universum, Gesundheit und Gerechtigkeit faszinierten mich ebenso wie Dinosaurier, Steine, Kristalle und Entwicklung.

Ich suchte lange und vergaß es später wieder, weil ich nie etwas fand, das sich richtig anfühlte.

Selbst Gott und mein Universum vergaß ich zeitweise. Ich verlor nie die Verbindung, vergaß aber, dankbar zu sein und auszusprechen, was ich brauche und mir wünsche.

Ich glaube nicht an die Kirche und bin schon lange kein Mitglied mehr. Dennoch glaube ich an eine Kraft, eine Schöpfung, die Wunder möglich macht.

Wunder

Wunder sind Ereignisse oder Phänomene, die als außergewöhnlich, unerklärlich oder übernatürlich angesehen werden. Sie werden oft als Zeichen göttlicher Intervention oder höherer Mächte betrachtet und können Menschen Staunen und Bewunderung abringen.

Wunder können in verschiedenen Formen auftreten, wie zum Beispiel unerklärliche Heilungen von Krankheiten, unerwartete Rettungen aus lebensbedrohlichen Situationen oder scheinbar unmögliche Zufälle. Für manche Menschen sind Wunder ein Ausdruck des Göttlichen oder des Übernatürlichen, während andere sie als seltene, aber natürliche Ereignisse betrachten.

In vielen Religionen und spirituellen Traditionen spielen Wunder eine wichtige Rolle und dienen als Bestätigung des Glaubens oder als Zeichen der Güte und Barmherzigkeit Gottes. Menschen können Trost und Hoffnung aus Wundern schöpfen und sie als Zeichen der Transzendenz und des Übernatürlichen interpretieren.

Es gibt auch skeptische Ansichten zu Wundern,

die sie als Ergebnis von Zufällen, unbekannten Naturgesetzen oder menschlicher Interpretation sehen. Skeptiker argumentieren, dass viele vermeintliche Wunder auf natürliche Erklärungen zurückzuführen sind und dass es wichtig ist, rational zu bleiben und nicht vorschnell übernatürliche Ursachen anzunehmen.

Insgesamt bleibt das Konzept der Wunder ein faszinierendes und kontroverses Thema, das tiefe Fragen nach Glauben, Rationalität und dem Wesen der Realität aufwirft. Es regt zum Nachdenken an über das Unerklärliche in unserer Welt und darüber, wie wir mit dem Unbekannten umgehen.

Das Erwarten von Wundern bezieht sich auf die Haltung des Glaubens und der Hoffnung, dass außergewöhnliche und positive Ereignisse eintreten können, die über das Gewöhnliche hinausgehen. Menschen, die Wunder erwarten, glauben an die Möglichkeit von unerklärlichen und magischen Ereignissen, die ihr Leben positiv beeinflussen können.

Das Erwarten von Wundern kann eine Quelle der Inspiration, des Trostes und der Motivation sein. Es kann Menschen dazu ermutigen, an das Unerklärliche zu glauben, an ihre Träume zu glauben und an das Gute im Leben zu vertrauen. Diese positive Einstellung kann dazu beitragen, Hindernisse zu überwinden, Herausforderungen anzunehmen und neue Möglichkeiten zu erkennen.

Es ist wichtig anzumerken, dass das Erwarten von Wundern nicht bedeutet, passiv auf ein magisches Eingreifen zu warten. Vielmehr geht es darum, eine offene und optimistische Haltung gegenüber den Möglichkeiten des Lebens einzunehmen und aktiv daran zu arbeiten, positive Veränderungen herbeizuführen. Menschen, die Wunder erwarten, sind oft bereit, Risiken einzugehen, Chancen zu ergreifen und an ihre Träume zu glauben.

Es ist jedoch auch wichtig zu akzeptieren, dass nicht alle Erwartungen erfüllt werden und nicht jedes Ereignis als Wunder betrachtet werden kann. Dennoch kann das Erwarten von Wundern dazu beitragen, eine positive Lebenseinstellung zu fördern, die Kreativität anzuregen und die Fähigkeit zu stärken, das Leben mit Dankbarkeit und Freude zu erleben.

Fabian Ries hat das in eine wundervolle Metapher gewandelt. Seit vielen Jahren spiele ich das meinen Klienten random als Hörbuch vor.

Die Story geht so:

Das Lebensrestaurant

Karl sitzt im Restaurant. Der Kellner kommt vorbei und legt Stift und Notizblock an. „Sie wünschen?" Karl antwortet mit grummelnden Magen: „Ich habe Hunger. Ich will Essen!". Der Kellner wartet noch einen Augenblick, bis er wieder fragt: „Sie wünschen?" Doch Karl erwidert nur „Habe ich doch gesagt! Ich will ESSEN". Der Kellner verlässt Karl, um sich um seine weiteren Gäste zu kümmern. Soll er doch erst mal herausfinden, was er wirklich möchte…

Dies klingt verrückt. Doch wie oft verhalten wir uns genau wie Karl?

- Ich bin zu dick, ich will abnehmen.

- Ich bin schlecht in der Schule/Studium. Ich will besser sein.

- Mein Chef ist ein Arschloch. Ich will hier weg.

Wie viel willst du abnehmen? Reichen dir ein paar Gramm? Was bedeutet es für dich besser zu sein? Beschränkst du es nur auf deine Noten? Willst du in eine andere Abteilung, anderes Unternehmen oder als Selbständiger arbeiten?

Bei vielen von unseren Wünschen würde der Kellner des Lebens keine Ahnung haben, was er uns bringen soll. Meistens sind es nur allgemeine Wünsche, die weder messbar noch spezifisch sind. Wie Karl schreien wir nur unsere Bedürfnisse in die Welt und das Leben reagiert – es wartet bis wir wirklich wissen, was wir begehren. Doch fahren wir fort.

Karl hat verstanden, dass er nun konkreter sagen muss, was er möchte. Er nimmt sich das Menü vor und studiert es eingehend. Der Kellner kommt und fragt wiederum „Sie haben eine Entscheidung getroffen, Sir?". Karl antwortet „Ja, habe ich. Ich will auf keinen Fall die Fischsuppe". Der Kellner nickt, notiert sich die Fischsuppe und schreitet in die Küche. Der Kellner ist so sehr darauf trainiert Bestellungen aufzunehmen, dass er das Wort

„nicht" nicht versteht und nur das Bild der Bestellung im Kopf hat.

Als er Karl die Fischsuppe serviert, ist dieser außer sich.

Dies klingt vielleicht verrückt, doch wie oft konzentrieren wir uns auf Dinge, die wir nicht möchten? Ich hoffe, dass ich die Präsentation nicht versaue… Ich will bloß nicht beim Test durchfallen… Ich will nicht alleine sein… Ich nehme bestimmt fünf Kilo zu, wenn ich dieses Stück Erdbeerkuchen esse.

Ängste sind mächtig, weil sie deinen Fokus auf die Dinge lenken, die du vermeiden möchtest. Doch der Kellner des Lebens unterscheidet nicht zwischen Gutem und Schlechten und bringt dir das worauf du deine Aufmerksamkeit lenkst. Konzentriere dich immer auf das was du möchtest. Die bestmögliche Lösung. Die schönste Situation. Das optimalste Ergebnis.

Karl ist nun ein bisschen hilflos. Was soll er nur wählen? Es gibt so viele Möglichkeiten. Als der Kellner kommt und nach der Bestellung fragt, zögert Karl. In dem Moment lehnt sich ein älterer Herr mit faltigem Gesicht und Cowboyhut vom Nachbartisch zu Karl. Er winkt den Kellner her und sagt: „Karl nimmt eine Lasagne mit dem fettigsten Käse den sie haben". Der Kellner notiert sich die Bestellung und bringt sie zur Küche.

Schon sehr abwegig? Doch wie oft bestellen unsere Eltern, Chefs, Lehrer, Freunde oder die „Gesellschaft" für uns? Wie auch Karl geben wir unsere Macht ab und lassen uns unsere Wünsche diktieren. Woher kommt der Plan von Haus bauen, Familie großziehen und acht Stunden arbeiten? Wir sind zu einem großen Teil fremdbestimmt und umso eher wir uns dies bewusst werden, umso eher können wir uns davon lösen. Denn eine Sache ist klar: Wir sind nicht auf diese Welt gekommen, um nach den Wünschen und Vorstellungen Anderer zu leben – egal wie nahe sie uns stehen.

Dies hat nun auch Karl verstanden. Er entscheidet sich für den Caesar Salad. Als der geduldige Kellner wieder die Bestellung aufnehmen möchte, ist Karl durch die vielen Fehlversuche sehr verunsichert und bestellt sehr zögerlich und schüchtern mit den Worten „wenn es Ihnen keine Umstände macht, dann hätte ich bitte gerne einen Caesar Salad, also das wäre schon toll…"

Wer bestellt schon so in einem Restaurant? Doch wo liegt hier der Unterschied zu deinem Leben? Wann hast du das letzte Mal die Fäuste auf den Tisch gehauen und eine Entscheidung getroffen, die von Klarheit und Kraft nur so gestrotzt hat? Ich entscheide mich bei der nächsten Klausur eine 1,3 zu schreiben! Ich entscheide mich fließend Spanisch sprechen zu können! Ich entscheide mich dreimal in der Woche Sport zu treiben! Und ich wähle ein Leben, das vor Glück, Gesundheit und Liebe überläuft! DAS wird vom Kellner des Lebens verstanden.

Doch wir haben Angst. Machen uns Klein, damit unsere Kraft die Anderen nicht einschüchtert. Bloß nicht arrogant wirken. Was ist wenn es nicht klappt? Es gibt viele Gründe, um nicht kraftvoll das vom Leben einzufordern, was man möchte. Doch es gibt einen guten Grund es zu tun: Es muss sein. Es gibt keine Veränderung und keinen Erfolg, ohne dass davor eine kraftvolle Entscheidung getroffen wurde. Wenn du etwas ändern möchtest in deinem Leben, dann mit Entschlossenheit.

Und Karl ist nun entschlossen. Er winkt den Kellner her, schaut in tief in die Augen und sagt: „Ich möchte einen Caesar Salad, pronto.“ Der Kellner schreibt die Bestellung auf, bedankt sich und schreitet in Richtung Küche. Karl ist ganz erfreut, dass es doch so leicht geht zu bestellen.

Als er in der Wartezeit die anderen Gerichte der Restaurantgäste sieht, wird er plötzlich unsicher. Er sieht dampfende Thai-Suppen, sorgsam gefüllte Paprikaschoten und duftende zitronen-fenchel Risotto. Hat er die richtige Entscheidung getroffen? Als der Kellner gerade zu einem anderen Tisch laufen wollte, hält ihn Karl auf, zieht seine Salat-Bestellung zurück und bittet um Bedenkzeit. Der Magen bleibt leer.

Auch wir sind von der Fülle an Möglichkeiten erst mal erschlagen und bestellen etwas, um es dann gleich wieder abzubrechen. Ich will eine Freundin heißt es am Montag und am Dienstag freut man sich über sein Single leben. Diese widersprüchlichen Signale sind wie verschiedene Bestellungen im Leben. Was soll der Kellner bringen? Auch viele unserer Handlungen stehen im Konflikt zu unseren Wünschen. Wir naschen, obwohl wir abnehmen wollen und schauen Fernsehen, obwohl wir uns nach Freunden und Liebenden sehnen. Erst wenn unsere Gedanken, Worte und Handlungen im Einklang eine Bestellung formulieren versteht der Kellner was wir wünschen.

Karl denkt darüber nach, was er wirklich möchte. Als sich der ältere Mann mit dem Cowboyhut wieder zu ihm lehnt, blockt ihn Karl freundlich ab. Er schafft das schon alleine. Seine Unsicherheit ist verschwunden. Er ist konzentriert und freut sich darauf bestellen zu können. Als der Kellner kommt wählt Karl mit einem Lächeln. Er weiß, dass es nicht seine letzte Bestellung sein wird und daher nicht perfekt sein muss. Warum auch? Er hat unendlich viele Bestellungen noch vor sich und kann noch so viel ausprobieren. Die Wahrheit ist, dass Karl immer bestellen muss, er kann nicht nicht bestellen. Es ist wie ein Spiel, dessen Regeln er jetzt verstanden hat.

Ihm fällt zudem auf, dass nirgendwo Uhren hängen. Keiner der Gäste trägt eine Armbanduhr und auch der Kellner nicht. Im Lebensrestaurant existiert das Konstrukt der Zeit nicht. Karl versteht, dass seine Ungeduld nie mit dem verstreichen von Zeit zu tun hatte, sondern mit seinem Mangel an Vertrauen. Der Kellner des Lebensrestaurants kennt keinen Zeitdruck. Keine Hetze. Kein Drang. Er serviert. Mehr muss Karl nicht wissen.

Karl sieht andere Gäste, die entrüstet aufstehen, weil sie für ihr Empfinden zu lange auf ihre Bestellung warten müssen.

Doch er bleibt entspannt. Er beobachtet nicht mehr gierig die dampfenden Teller, die an ihm vorbei gereicht werden. Er versucht nicht mehr den Kellner mit seinen wartenden Blicken auf sich aufmerksam zu machen. Er kontrolliert nicht mehr jeden einzelnen Schritt des Kellners.

Er redet viel lieber mit den anderen Gästen. Hilft ihnen ihre Bestellungen zu formulieren. Spricht über das liebevoll eingerichtete Ambiente und beglückwünscht sie zu ihren leckeren Gerichten.

Dabei stellt Karl fest, dass der Kellner noch so komplizierte Extrawünsche berücksichtigt. Für ihn macht es keinen Unterschied, ob ein Drei-Gänge-Menü oder ein Fleischpflanzerl mit einem trockenem Salatblatt bestellt wird. Der Kellner unterscheidet nicht zwischen „schweren" und „leichten" Gerichten. Er serviert einfach.

Der Moment ist gekommen: Der Kellner überreicht Karl eine kleine, aber feine Vorspeise. Karl bedankt sich höflich, denn Dankbarkeit bedeutet, dass man akzeptiert, was man selber bestellt hat.

Er hat gelernt Kontrolle aufgeben, sich zurücklehnen und entspannt auf die herrlichen

Gerichte zu warten, die der Kellner mit Freuden serviert.

Es ist die leckerste Suppe, die Karl je gekostet hat.

Denn schlussendlich will der Kellner des Lebens nur das Beste für uns.

Schlüsselgedanken

- Bei vielen von unseren Wünschen würde der Kellner des Lebens keine Ahnung haben, was er uns bringen soll. Was willst du wirklich?

- Denk nicht über die Fischsuppe nach, wenn du keine Fischsuppe möchtest!

- Wir sind nicht auf diese Welt gekommen, um nach den Wünschen und Vorstellungen Anderer zu leben

- Eine kraftvolle Entscheidung ist ein Muss für jegliche Veränderung.

- Deine Bestellung beginnt mit einem Gedanken, mündet in ein Wort und schließt ab mit einer Handlung.

- Dankbarkeit bedeutet, dass man akzeptiert, was man bestellt hat.

- Jede Bestellung geht in Erfüllung. Zeit existiert nicht. Es kommt meistens dann, wenn du nicht mehr darüber nachdenkst, loslässt und dich um andere kümmerst.

Autor:

Fabian Ries

www.fabianries.de, **www.fabianries.de/wuensc he-richtig-bestellen/**

Schöner kann man nicht zusammenfassen, wie das Leben funktioniert.

Wenn du jetzt einen Moment ganz still in dir bist, dann kannst du vielleicht fühlen, dass auch du diese Wunder schon erlebt hast.

Alles, was jetzt ist, hast du irgendwann bestellt, gewünscht.

Ich habe bereits zweimal ein Haus erworben und beide Male gehofft, es würde wieder verschwinden. Beide Häuser waren bald darauf weg – es ergibt also keinen Sinn, heute zu bedauern, dass ich kein Haus besitze.

Auch bei Beziehungen war es ähnlich. Ich habe mir bei einer Sternschnuppe einen bestimmten Partner sehnlichst gewünscht und diesen auch tatsächlich bekommen. Jahre später, als klar war, dass nichts mehr funktionieren würde, sah ich erneut eine Sternschnuppe und wünschte mir von Herzen, dass sich die Beziehung schnell und fair in Frieden, Ruhe und Harmonie auflösen möge.

Genau das ist eingetreten. Wir haben bis heute einen freundschaftlichen Kontakt.

Manchmal haben solche Dinge ihren Preis.

Es hat mich ein Haus gekostet, aber ich habe meine Freiheit zurückgewonnen. Und das war gut so.

Beruflich war es ähnlich. Ich wollte schon immer unbedingt im Bereich Medizin und Psychologie arbeiten, hatte jedoch nur eine Ausbildung im Einzelhandel. Ich wünschte mir so sehr, irgendwie in diesen Bereich zu kommen, konnte aber nicht einmal genau sagen, wohin ich wollte, denn das, was ich werden wollte, gab es noch nicht.

Der Preis dafür waren zwei schwere Bandscheibenvorfälle, aber nur dank dieser Krankheit bin ich heute das, was es zuvor noch nicht gab.

Zunächst war ich extrem frustriert und wütend wegen meiner Krankheit. Ich hatte keine Ahnung, wie es weitergehen sollte. Die mir angebotenen Umschulungen waren langweilig und entsprachen nicht meinem Wunsch, Therapeutin zu werden.

Dann geschah ein Wunder. Während meiner Krankheit begann ich eine Ausbildung zur Heilpraktikerin, stellte jedoch schnell fest, dass dies nicht meinen Vorstellungen entsprach. Ich kämpfte um eine Ausbildung zur Therapeutin bei der Rentenversicherung, die jedoch abgelehnt wurde, da sie drei Jahre dauert und nur zweijährige Umschulungen finanziert wurden.

Ich versuchte alles, sogar ein Jahr selbst zu finanzieren, aber die Antwort war stets nein.

Eines Tages erhielt ich jedoch einen Anruf von der Rentenversicherung, dass ich mich für die Therapie-Ausbildung anmelden dürfe, da ich durch meine Heilpraktikerausbildung bereits viele Vorkenntnisse hätte.

Das war noch nicht das ganze Wunder. Sofort meldete ich mich für die therapeutische Ausbildung an und schickte die Bestätigung der Uni an die RV.

Eine Mitarbeiterin rief mich daraufhin an, verwundert über die Unterlagen, da sie mir ein klares Nein gegeben hatte. Ich erzählte ihr von dem Anruf und gab ihr Datum und Uhrzeit. Zwei Tage später rief sie zurück und sagte, dass niemand gefunden wurde, der mich angerufen hatte. Aber da ich nun angemeldet war, durfte ich die Ausbildung beginnen. Ich sollte es nur niemandem erzählen und während der Ausbildung nicht heilpraktisch arbeiten.

Leute, wenn das kein Wunder ist :-)

Ich habe unendlich viele dieser Wunder erlebt, gerade dieses Jahr 2024, erlebe ich wieder eins nach dem anderen.

Und jetzt schau mal in dein Leben, sei ganz ehrlich mit dir selbst – und sag mir nicht, du hast noch keine Wunder erlebt :-)

Schau auf die alltäglichen Dinge, suche nicht nach Situationen, wo du über Wasser laufen kannst.

Die gute Nachricht ist, jeder kann diese Wunder erschaffen.

Wenn du bereit bist!

Bereit sein heißt oft, etwas loszulassen, etwas zu verlieren oder stark zu verändern, um das Wunder empfangen zu können.

Die **Bereitschaft** bezieht sich auf die Zustimmung oder die Fähigkeit, etwas zu tun oder sich auf eine bestimmte Situation einzustellen. Es kann bedeuten, dass man bereit ist, eine Aufgabe zu übernehmen, eine Veränderung anzunehmen oder Hilfe anzubieten. Die Bereitschaft zeigt eine positive Einstellung und Offenheit gegenüber neuen Herausforderungen oder Gelegenheiten.

Es gibt verschiedene Arten von Bereitschaft, wie zum Beispiel:

1. Einsatzbereitschaft: Die Bereitschaft, sich aktiv für ein Ziel oder eine Sache einzusetzen.
2. Hilfsbereitschaft: Die Bereitschaft, anderen zu helfen und Unterstützung anzubieten.
3. Lernbereitschaft: Die Bereitschaft, neues Wissen und Fähigkeiten zu erwerben.
4. Veränderungsbereitschaft: Die Bereitschaft, sich auf Veränderungen einzulassen und sich anzupassen.

Die Bereitschaft ist eine wichtige Eigenschaft, die es ermöglicht, flexibel auf verschiedene Situationen zu reagieren und das eigene

Potenzial voll auszuschöpfen. Sie kann dazu beitragen, persönliches Wachstum, Gesundheit, beruflichen Erfolg und zwischenmenschliche Beziehungen zu fördern.

Was genau das ist, was losgelassen oder gecrasht werden muss, können wir uns nicht grundsätzlich aussuchen. Aussuchen macht das Universum :-)

Aber weißt du was, wenn mir heute der Boden unter den Füssen wegzubrechen scheint (2023 ist fast alles weggebrochen) , dann zucke ich kurz zusammen, nur ganz kurz, weil ich weiß, das Universum schafft Platz für etwas viel besseres.

Und es ist dabei, absolut.

Ich kann kaum in Worte fassen, wie unendlich dankbar ich dafür bin. Ich sage es dem Universum jeden Tag.

Bist du bereit, alles zu verlieren, um alles zu gewinnen?

Im Tarot gibt es die Karte „Der Turm".

Er fällt oft, wenn etwas zusammenbrechen muss. Aber er nimmt nur mit, was dir nicht mehr dient.

Wenn du dich gegen den Zusammenbruch wehrst, was du natürlich darfst und einem System weiter Energie gibst, dass dir offensichtlich nicht gut tut, oder weil du nicht bereit bist eine Entscheidung zu deinen Gunsten, für deine Seele zu treffen, verlängert sich das Leid.

Habe ich selber probiert, Ergebnis Burnout.

Wenn du mit Gewalt an etwas festhältst, von dem du eigentlich weißt, dass es dir nicht mehr dient, dann riskierst du körperliche oder psychosomatische Erkrankungen, die oft viel gravierender und tiefschichtiger sind, als das falsche Ziel loszulassen.

An etwas festhalten

bedeutet, an einer bestimmten Sache, Idee, Überzeugung oder Person festzuhalten und nicht loszulassen. Es kann sowohl im wörtlichen als auch im übertragenen Sinne verwendet werden.

Im übertragenen Sinne kann "an etwas festhalten" bedeuten:

1. An alten Gewohnheiten oder Traditionen festhalten, auch wenn sie möglicherweise nicht mehr zeitgemäß sind.
2. An einer Beziehung oder Freundschaft festhalten, auch wenn es Schwierigkeiten gibt.
3. An seinen Träumen und Zielen festhalten, auch wenn es Hindernisse gibt.
4. An seinen Überzeugungen und Werten festhalten, auch wenn man unter Druck gesetzt wird.

Manchmal ist es wichtig, an etwas festzuhalten, um Stabilität und Kontinuität zu gewährleisten. In anderen Fällen kann es jedoch hinderlich sein, wenn man nicht bereit ist, sich zu verändern oder loszulassen.

Bewusstseinsdimensionen

Das Bewusstsein ist ein komplexes und faszinierendes Phänomen, das die Grundlage unserer Wahrnehmung, Gedanken, Emotionen und Handlungen bildet. Es bezieht sich auf das subjektive Erleben und die Fähigkeit, sich selbst und die Umwelt um uns herum zu erkennen.

Bewusstsein kann auf verschiedene Weisen definiert werden, aber im Allgemeinen bezeichnet es den Zustand des Wachseins und der Aufmerksamkeit auf unsere inneren und äußeren Erfahrungen. Es ermöglicht uns, uns selbst als individuelle Wesen zu erkennen, Entscheidungen zu treffen, Empfindungen zu erleben und komplexe kognitive Prozesse wie Denken, Erinnern und Planen, Handeln durchzuführen.

Das Bewusstsein wird oft in verschiedene Ebenen unterteilt, darunter das phänomenale Bewusstsein (das Erleben von Sinneseindrücken), das Selbstbewusstsein (die Fähigkeit, sich selbst als eigenständige Person zu erkennen) und das Metabewusstsein (die Reflexion über unser eigenes Denken).

Die Frage nach der Natur des Bewusstseins ist

seit langem Gegenstand philosophischer, psychologischer und neurowissenschaftlicher Untersuchungen. Trotz intensiver Forschung bleibt das Bewusstsein jedoch ein Rätsel in vielerlei Hinsicht. Wie entsteht es aus dem Gehirn? Welche Rolle spielt es bei der Entstehung von Empfindungen und Gedanken? Diese Fragen sind noch nicht vollständig geklärt.

Insgesamt ist das Bewusstsein ein zentrales Element unseres menschlichen Seins, das uns ermöglicht, die Welt um uns herum zu erleben und zu verstehen. Es ist ein faszinierendes Thema, das weiterhin erforscht wird und viele Geheimnisse birgt.

Metabewusstsein bezieht sich auf die Fähigkeit, über unser eigenes Denken und Bewusstsein nachzudenken. Es ist die Reflexion über unsere eigenen mentalen Prozesse, wie zum Beispiel das Erkennen unserer Gedanken, Emotionen, Überzeugungen und Absichten. Metabewusstsein ermöglicht es uns, uns selbst zu beobachten und zu verstehen, wie wir denken und warum wir bestimmte Entscheidungen treffen.

Durch Metabewusstsein können wir unsere kognitiven Fähigkeiten verbessern, indem wir unsere Denkprozesse bewusst steuern und optimieren. Es hilft uns auch dabei, unsere eigenen Verhaltensweisen zu regulieren und möglicherweise unerwünschte Gewohnheiten oder Denkmuster zu ändern.

Metabewusstsein spielt eine wichtige Rolle in der Selbstreflexion, Selbstregulierung und Selbstverbesserung. Es ermöglicht uns, bewusster zu handeln, unsere Ziele klarer zu definieren und unsere persönliche Entwicklung voranzutreiben.

Die Entwicklung des Metabewusstseins kann durch verschiedene Techniken gefördert werden, wie zum Beispiel Meditation, Tagebuchführung oder kognitive Therapie. Indem wir uns unserer eigenen Denkprozesse bewusst werden und sie aktiv steuern, können wir ein tieferes Verständnis von uns selbst erlangen und unser Leben bewusster gestalten.

Auf der Ebene des **Metabewusstsein** findet die Ausrichtung zur Wunschbildung und Erfüllung statt.

Wir befinden uns dabei im Quantenfeld.

Die Idee des Menschen im **Quantenfeld** bezieht sich auf die Vorstellung, dass der menschliche Geist und das Bewusstsein in irgendeiner Weise mit den Prinzipien der Quantenphysik interagieren könnten. Die Quantenphysik beschäftigt sich mit den kleinsten Teilchen und Energieniveaus in der Natur und hat einige faszinierende Phänomene wie die Überlagerungszustände, Verschränkung und Unbestimmtheit hervorgebracht.

Einige Theorien und Hypothesen spekulieren darüber, ob das Bewusstsein auf quantenphysikalischer Ebene eine Rolle spielen könnte. Einige glauben, dass das Bewusstsein möglicherweise Einfluss auf die Quantenzustände haben könnte oder dass es sogar aus quantenphysikalischen Prozessen entsteht.

Es gibt jedoch keine eindeutigen wissenschaftlichen Beweise dafür, dass das Bewusstsein tatsächlich auf quantenphysikalischer Ebene wirkt.

Es ist ein Bereich, der weiterhin erforscht wird, um ein tieferes Verständnis darüber zu erlangen, wie das Bewusstsein funktioniert und wie es mit den fundamentalen Gesetzen der Physik, insbesondere der Quantenphysik interagiert.

Klingt kompliziert? Kann allerdings ganz einfach sein.

Liebes Universum, ich wünsche mir, dass die

Menschheit sich tiefer in seiner Ganzheit und seinen Fähigkeiten versteht, um ihr großes Potential auszuschöpfen.

In den alten Zeiten, wo das Wünschen noch geholfen hat ….

So beginnt das Märchen vom Froschkönig oder dem eisernen Heinrich.

In dem Märchen "Der Froschkönig" leistet ein Frosch einer Prinzessin Hilfe, indem er ihre goldenen Kugel aus einem Brunnen holt. Im Gegenzug verspricht sie, ihn als Freund zu behandeln. Als sie ihr Versprechen bricht, verwandelt der Frosch sich in einen Prinzen.

Die Geschichte vom Froschkönig lehrt uns verschiedene moralische Lektionen, je nach Interpretation und Perspektive.

Hier sind einige Moralvorstellungen, die aus der Geschichte abgeleitet werden können:

1. Versprechen halten: Die Prinzessin bricht ihr Versprechen gegenüber dem Frosch, aber am Ende lernt sie, dass es wichtig ist, sein Wort zu halten und Verantwortung für seine Handlungen zu übernehmen.

2. Vorurteile überwinden: Die Prinzessin hat Vorurteile gegenüber dem Frosch

aufgrund seines Aussehens, aber sie lernt, dass wahre Schönheit im Inneren liegt und man Menschen nicht nach ihrem Äußeren beurteilen sollte.

3. Dankbarkeit zeigen: Der Frosch hilft der Prinzessin, ihre goldene Kugel zurückzubekommen, und sie lernt, dankbar zu sein und die Hilfe anderer zu schätzen.

4. Geduld haben: Der Frosch zeigt Geduld und Ausdauer, um die Prinzessin davon zu überzeugen, ihr Versprechen zu halten. Die Geschichte lehrt uns, dass Geduld eine wichtige Tugend ist.

5. Vertrauen haben: Sowohl der Frosch als auch die Prinzessin müssen einander vertrauen, um ihr Ziel zu erreichen. Vertrauen ist wichtig in zwischenmenschlichen Beziehungen.

Diese moralischen Lehren können auf verschiedene Weisen interpretiert werden und dienen dazu, wichtige Werte wie Ehrlichkeit, Respekt, Dankbarkeit und Geduld zu betonen.

Vielleicht haben wir das bewusste Wünschen im Laufe der Jahrhunderte verlernt und vergessen.

Wünschen hilft immer noch.

Ob du es glauben kannst, oder nicht:

Alles was dich umgibt und betrifft ist dein eigener, oft unbewusster, Wunschzettel.

Keine einzige Situation, Person, Ort, Arbeitgeber, Finanzen etc. sind aus Zufall in deinem Leben, oder zur Strafe oder weil du denkst, du hast etwas besseres verdient als andere :-)

Wünschen

"Wünschen" bezieht sich auf den Akt des Ausdrückens eines Verlangens oder einer Hoffnung nach etwas Bestimmtem. Es kann sich auf materielle Dinge, emotionale Zustände, Erfolge oder Ereignisse beziehen, die man sich für sich selbst oder für andere wünscht. Wobei Wünsche für andere mit Vorsicht zu tätigen sind.

Wünsche können vielfältig sein und reichen von einfachen Alltagswünschen wie einem schönen Tag bis hin zu langfristigen Lebenszielen oder Träumen.

Indem wir unsere Wünsche erkennen und artikulieren, können wir uns Ziele setzen, Motivation finden und unser Leben bewusst gestalten.

Es ist wichtig zu beachten, dass Wünsche nicht immer in Erfüllung gehen und dass es wichtig ist, realistische Erwartungen zu haben. Dennoch können Wünsche als Antrieb dienen, um uns zu motivieren, hart zu arbeiten und positive Veränderungen in unserem Leben herbeizuführen.

Es ist auch schön, anderen Menschen ihre Wünsche zu erfüllen oder sie bei der

Verwirklichung ihrer Träume zu unterstützen. Indem wir einander helfen, unsere Wünsche zu erreichen, können wir eine unterstützende und liebevolle Gemeinschaft aufbauen.

Also, wenn du einen Wunsch hast, zögere nicht, ihn auszusprechen und daran zu arbeiten, ihn zu verwirklichen. Wünsche können wahr werden, wenn wir hart genug dafür arbeiten und an uns glauben.

Wünsche gehen oftmals nicht in Erfüllung, wenn sie negativ und egoistisch motiviert sind. Wenn du dir z.B. wünscht, dass die Ehe einer Person scheitert, weil du in die Person verliebt bist und sie für dich haben willst, dann ist das gegen die Ordnung. Oder wenn du dir wünscht, ein Kollege möge rausfliegen, damit du die Beförderung bekommst.... ganz schlecht!

Das Universum sagt immer JA.

Dein Denken erschafft dein Umfeld. Das ist der wahre Grund, warum sehr großspurige Menschen oftmals wirklich viel Wünsche erfüllt bekommen und Menschen mit geringerem Bewusstsein, wenig bekommen.

Im Prinzip ist es wie früher in der Kindheit.

Niemand kann deine Gedanken und Wünsche aus dir heraus lesen. Du musst schon darum bitten und Fragen.

Wenn du als Kind etwas bestimmtes wolltest, musstest du deine Eltern danach fragen. Als Baby konntest du deine Bedürfnisse nur durch herbeirufen mitteilen.

Nach meiner Auffassung geht das auch im Quantenfeld.

Statt die weltlichen Eltern zu fragen, können wir unsere spirituellen Eltern im Universum um Hilfe, Unterstützung und Wunscherfüllung bitten.

Du musst dazu nichts neues lernen, brauchst keine Kurse oder Gurus.

Mach es einfach wie früher und sprich mit dem Universum.

Erinnerst du dich noch, wie es war, als du ein kleines Kind warst und deinen Eltern etwas entlocken wolltest? Hast du nur 1x gefragt? Oder hast du eher immer wieder gefragt? Wochenlang oder Monatelang – immer wieder!

Thats it.

Das Universum muss einfach wissen, warum du haben willst, was du willst und wie sehr du es willst.

Wenn du zu deinen Eltern gesagt hättest: Mama, ich will ne Playstation und du hättest danach nie wieder gefragt, oder deinen Wunsch und das Verlangen nicht zigmal erklärt, dann hättest du keine Playstation oder dein Handy oder was auch immer.

Ich gebe dir die Empfehlung, alle deine Wünsche laut auszusprechen. Denken allein genügt nicht.

Sprich es laut oder singe es laut, egal wie komisch es dir vorkommen mag.

Das Universum ist Schall, Frequenz, Vibration und Schwingung, da kannst du mit deiner Stimme ganz hervorragend mitschwingen, mitfequentieren.

Ich erinnere mich gerade an Eddie Murphy mit dem Film: Suche nach dem goldenen Kind.

In einer Szene steht er an einer Gebetsmühle und sagt fast bockig: Ich, ich, ich will den Dolch haben. Das Gegenüber schüttelt darauf hin den Kopf.

Dann singt er es melodisch, sanft und langsam: iiiiich will den Dolch habennnnnnnn !

Er bekommt ihn.

Nimm dir so ein Bild im Gedanken mit.

Mit ICH ICH ICH geht garnix im Universum.

Eine wichtige Regel sollst du wissen:

Wünsche dir nichts, was dir selber oder anderen schadet. Das ist wie ein Boomerang und bringt dir nichts Gutes.

Wunschverbote

Denk dabei an die 10 Gebote z.B.

Du sollst nicht begehren des nächsten.......

Du sollst nicht stehlen......

Ich würde noch ein paar weitere Wunschverbote dazufügen

du sollst nicht im Hass wünschen

du sollst nicht im Neid wünschen

du sollst nicht aus Gier wünschen

du sollst nicht aus Egoismus wünschen

du sollst nicht aus Macht, Hochmut wünschen

du sollst nicht aus Faulheit, mangelnder Einsatz-bereitschaft wünschen

Entsprechend der 7 Todsünden

Die sieben Todsünden sind eine Liste von moralischen Verfehlungen, die in der Tradition als besonders schwerwiegend angesehen werden.

1. Hochmut(Stolz):Übermäßiges Selbstbewusstsein und Arroganz.
2. Geiz: Gier nach Besitz und Reichtum.
3. Wollust: Unmäßige Begierde nach

sexueller Befriedigung.

4. Zorn: Unbeherrschte Wut , Rache, Aggression.

5. Völlerei: Übermäßiges Essen und Trinken, sowie Genusssucht.

6. Neid: Missgunst gegenüber anderen und ihr Besitz oder Erfolg.

7. Faulheit: Trägheit, Nachlässigkeit und mangelnde Einsatzbereitschaft.

Diese Todsünden werden als besonders schädlich für die Seele angesehen und stehen im Gegensatz zu den christlichen Tugenden wie Demut, Großzügigkeit, Keuschheit, Geduld, Mäßigung, Nächstenliebe und Fleiß.

Die Idee hinter den sieben Todsünden ist es, Menschen dazu zu ermutigen, ein tugendhaftes Leben zu führen und sich von egoistischen und destruktiven Verhaltensweisen fernzuhalten.

Ein zuviel oder zu extrem oder zu oft führt tatsächlich zu diversen schweren Erkrankungen im Bereich Körper, Geist, Seele.

Wunschgebote;

du sollst in und aus Liebe heraus wünschen

du sollst weise wählen

du sollst anderen keinen Schaden zufügen

Die Kardinaltugenden sind vier grundlegende Tugenden, die in der Ethik als besonders wichtig angesehen werden. Sie sind als Gegensatz zu den sieben Todsünden konzipiert und sollen Menschen dazu ermutigen, ein tugendhaftes Leben zu führen. Die vier Kardinaltugenden sind:

1. Klugheit: Die Fähigkeit, vernünftige Entscheidungen zu treffen und richtig zu handeln. Klugheit beinhaltet Weisheit, Urteilsvermögen und Vernunft.

2. Gerechtigkeit: Die Bereitschaft, anderen das zukommen zu lassen, was ihnen zusteht. Gerechtigkeit beinhaltet Fairness, Ehrlichkeit und Respekt für die Rechte anderer.

3. Tapferkeit (auch Mut genannt): Die Fähigkeit, in schwierigen Situationen standhaft zu bleiben und das Richtige zu tun, auch wenn es unbequem oder gefährlich ist.

4. Mäßigung (auch Selbstbeherrschung genannt): Die Fähigkeit, seine Bedürfnisse und Wünsche zu kontrollieren und in Maßen zu leben. Mäßigung beinhaltet Disziplin, Enthaltsamkeit und Selbstkontrolle.

Ja, es ist wahr, dass viele Menschen heutzutage in einer Zeit der Egozentriertheit leben. In einer Gesellschaft, die von Individualismus und Selbstverwirklichung geprägt ist, kann es leicht sein, dass Menschen dazu neigen, sich selbst und ihre eigenen Bedürfnisse über alles andere zu stellen. Dies kann zu einem Mangel an Empathie, Mitgefühl und sozialer Verantwortung führen.

Es ist wichtig, sich bewusst zu machen, wie egozentrisches Verhalten sich auf unsere zwischenmenschlichen Beziehungen und auf die Gesellschaft als Ganzes auswirken kann. Indem wir uns bemühen, mehr Empathie zu zeigen, anderen zu helfen und uns für das Wohl anderer einzusetzen, können wir dazu beitragen, eine harmonischere und mitfühlendere Welt zu schaffen.

Es ist auch wichtig, sich selbst zu reflektieren

und daran zu arbeiten, ein Gleichgewicht zwischen Selbstfürsorge und Fürsorge für andere zu finden. Indem wir uns bemühen, unsere egozentrischen Tendenzen zu überwinden und uns für das Gemeinwohl einzusetzen, können wir dazu beitragen, eine positivere und mitfühlendere Gesellschaft aufzubauen.

Mitgefühl

...ist die Fähigkeit, die Emotionen und Bedürfnisse anderer zu erkennen, zu verstehen und darauf einfühlsam zu reagieren.

Es beinhaltet Empathie, Mitgefühl und die Bereitschaft, anderen in schwierigen Situationen beizustehen.

Mitgefühl ist eine wichtige menschliche Eigenschaft, die es uns ermöglicht, Verbindungen aufzubauen, Empathie zu zeigen und für das Wohl anderer einzutreten.

Indem wir mitfühlend sind, können wir dazu beitragen, das Leiden anderer zu lindern, Beziehungen zu stärken und eine unterstützende Gemeinschaft aufzubauen.

Mitgefühl kann auch dazu beitragen, unser eigenes Wohlbefinden zu verbessern, indem es uns ein Gefühl der Verbundenheit und Zugehörigkeit vermittelt.

Es ist wichtig, Mitgefühl in unserem täglichen Leben zu praktizieren, sei es durch kleine Gesten der Freundlichkeit gegenüber anderen, durch aktive Hilfe für Bedürftige oder durch das Zeigen von Verständnis und Unterstützung für Menschen in schwierigen Situationen.

Empathie

...ist die Fähigkeit, die Gefühle, Gedanken und Perspektiven anderer Menschen zu erkennen, zu verstehen und nachzuvollziehen. Es beinhaltet, sich in die Lage einer anderen Person zu versetzen und deren Emotionen und Erfahrungen zu erfassen, ohne sie selbst zu erleben. Empathie ermöglicht es uns, mit anderen mitzufühlen, sie zu unterstützen und eine tiefe Verbindung herzustellen.

Empathie ist ein wichtiger Bestandteil sozialer Intelligenz und zwischenmenschlicher Beziehungen. Indem wir empathisch sind, können wir besser auf die Bedürfnisse eingehen, Konflikte lösen, Verständnis fördern und Mitgefühl zeigen. Empathie hilft uns auch dabei, uns in verschiedenen Situationen angemessen zu verhalten und sensibel auf die Gefühle anderer zu reagieren. Es ist wichtig, Empathie zu kultivieren und im täglichen Leben anzuwenden, um eine unterstützende , mitfühlende Gemeinschaft aufzubauen. Indem wir die Perspektiven anderer verstehen und ihre Gefühle ernst nehmen, tragen wir dazu bei, Harmonie, Verständnis, Mitgefühl in Beziehungen und der Gesellschaft insgesamt zu fördern.

Wohlwollen

...bezieht sich auf eine positive und wohlwollende Einstellung gegenüber anderen Menschen. Es beinhaltet Freundlichkeit, Güte, Respekt und das Wünschen des Wohlergehens anderer. Wohlwollen ist eine Haltung, die von Mitgefühl, Empathie und Verständnis geprägt ist und darauf abzielt, das Beste für andere zu wollen.

Indem wir Wohlwollen zeigen, können wir dazu beitragen, positive Beziehungen und Harmonie in unseren zwischenmenschlichen Interaktionen zu fördern. Wohlwollen kann auch dazu beitragen, Konflikte zu lösen, Missverständnisse zu klären und eine unterstützende Umgebung für andere zu schaffen.

Es ist wichtig, Wohlwollen in unserem täglichen Leben zu praktizieren, sei es durch kleine Gesten der Freundlichkeit, durch aufmerksames Zuhören oder durch das Zeigen von Respekt und Anerkennung für andere. Indem wir eine wohlwollende Haltung kultivieren und sie zum Ausdruck bringen, können wir dazu beitragen, eine liebevollere und mitfühlendere Welt zu schaffen.

Harmonie

...bezieht sich auf einen Zustand des Gleichgewichts, der Einheit und des Friedens in zwischenmenschlichen Beziehungen, in der Natur oder in der Gesellschaft. Harmonie entsteht, wenn verschiedene Elemente miteinander in Einklang sind und zusammenarbeiten, um ein Gefühl von Ausgeglichenheit und Wohlbefinden zu schaffen.

In zwischenmenschlichen Beziehungen bezeichnet Harmonie ein harmonisches Miteinander, bei dem Respekt, Verständnis, Mitgefühl und Wohlwollen die Grundlage bilden. Harmonische Beziehungen zeichnen sich durch gegenseitige Unterstützung, Empathie und das Streben nach gemeinsamen Zielen aus.

In der Natur bezieht sich Harmonie auf das Gleichgewicht und die Interaktion verschiedener Ökosysteme, die zusammenarbeiten, um ein gesundes und nachhaltiges Umfeld zu schaffen. Wenn alle Elemente eines Ökosystems im Einklang miteinander stehen, entsteht eine harmonische Balance, die das Überleben und Wachstum unterstützt.

In der Gesellschaft bezeichnet Harmonie ein friedliches Zusammenleben von Menschen unterschiedlicher Hintergründe, Kulturen und Meinungen. Eine harmonische Gesellschaft zeichnet sich durch Toleranz, Akzeptanz und Respekt für Vielfalt aus, sowie durch den Willen zur Zusammenarbeit und zum gegenseitigen Verständnis.

Es ist wichtig, Harmonie in unseren Beziehungen zu fördern, sei es mit anderen Menschen oder mit der Natur, dem Planeten, aller Lebewesen. Indem wir uns um Harmonie bemühen und aktiv dazu beitragen, ein Gleichgewicht herzustellen und Konflikte zu lösen, können wir eine positive und unterstützende Umgebung schaffen, in der Wachstum, Entwicklung und Wohlbefinden gedeihen können.

Unser Planet Erde wird als ein lebendiges System betrachtet, da er eine komplexe und dynamische Einheit bildet, die aus verschiedenen miteinander verbundenen Elementen besteht. Ähnlich wie bei lebenden Organismen interagieren diese Elemente miteinander und beeinflussen sich gegenseitig in einem komplexen Netzwerk von Prozessen.

Die Erde als lebendiges System umfasst die

Biosphäre (die Gesamtheit aller lebenden Organismen), die Atmosphäre (die Gashülle um den Planeten), die Hydrosphäre (alle Wasserreservoire auf der Erde) und die Lithosphäre (die feste Erdkruste). Diese Sphären sind miteinander verbunden und beeinflussen sich gegenseitig in einem komplexen Wechselspiel.

Die Erde reguliert ihre Temperatur, den Kohlenstoffkreislauf, den Wasserkreislauf und andere wichtige Umweltfaktoren, um optimale Bedingungen für das Leben aufrechtzuerhalten. (unser Körperwesen funktioniert übrigens exakt genauso) Dieses Phänomen wird oft als Gaia-Hypothese bezeichnet, benannt nach der griechischen Göttin Gaia, die als Personifikation der Erde gilt.

Durch menschliche Aktivitäten wie Umweltverschmutzung, Entwaldung und Klimawandel gerät das Gleichgewicht dieses lebendigen Systems jedoch zunehmend aus dem Lot. Es ist daher wichtig, dass wir uns bewusst werden über unsere Auswirkungen auf die Erde und Maßnahmen ergreifen, um sie zu schützen und zu erhalten, damit das lebendige System der Erde weiterhin gedeihen kann.

Die Aussage, dass der Mensch ein Parasit auf der Erde ist, ist eine Sichtweise, die darauf hinweist, dass die Menschheit die Ressourcen der Erde ausbeutet und ihr Schaden zufügt, ähnlich wie ein Parasit, der seinen Wirt schwächt. Dies wirft wichtige Fragen über das Verhältnis zwischen Mensch und Umwelt auf und fordert uns dazu auf, unsere Rolle als Bewohner dieses Planeten zu reflektieren.

Der Mensch hat im Laufe der Geschichte massive Veränderungen auf der Erde verursacht, darunter Entwaldung, Verschmutzung von Luft und Wasser, Artensterben und den Klimawandel. Diese Aktivitäten haben negative Auswirkungen auf die natürlichen Ökosysteme der Erde und bedrohen die Vielfalt des Lebens. Ganz besonders ist die Gattung des Menschen bedroht. Während Corona, haben wir alle eindrucksvoll gesehen, dass die Natur sich innerhalb eines einzigen Jahres sehr stark regenerieren kann, wenn der Mensch mal nicht machen kann, was er will.

Wie ein Parasit neigt der Mensch dazu, mehr Ressourcen zu verbrauchen, als die Erde regenerieren kann. Dies führt zu einer Übernutzung von natürlichen Ressourcen wie Wasser, Boden und fossilen Brennstoffen. Der

Druck auf die Umwelt durch menschliche Aktivitäten hat zu einem Ungleichgewicht geführt, das langfristig die Lebensgrundlagen für alle Lebewesen auf der Erde gefährdet.

Es ist wichtig zu erkennen, dass wir als Menschen Teil des Ökosystems der Erde sind und von ihm abhängig sind. Indem wir uns bewusst werden über unsere Auswirkungen auf die Umwelt und nachhaltige Praktiken fördern, können wir dazu beitragen, das Gleichgewicht wiederherzustellen und eine harmonischere Beziehung zur Natur zu entwickeln.

Der Mensch hat das Potenzial, seine Fähigkeiten zur Innovation und Zusammenarbeit einzusetzen, um Lösungen für Umweltprobleme zu finden und nachhaltige Entwicklungswege zu fördern. Durch bewusstes Handeln können wir unseren ökologischen Fußabdruck reduzieren und dazu beitragen, die Gesundheit unseres Planeten zu erhalten.

Insgesamt ist es wichtig, dass wir als Menschheit Verantwortung übernehmen für unsere Handlungen und uns bemühen, im Einklang mit der Natur zu leben, um eine nachhaltige Zukunft für kommende Generationen sicherzustellen. Nur durch gemeinsame Anstrengungen können wir das Gleichgewicht zwischen Mensch und Umwelt wiederherstellen und eine positive Veränderung bewirken.

Das ist einer meiner ganz großen Wünsche !

Liebes Universum, ich wünsche mir, dass die Menschheit erkennt, dass wir alle zusammen das System zum höchsten Wohl beeinflussen können.

Es ist unsere Wahl, ob wir zum positiven oder zum negativen wirken.

Warum nicht zum positiven wirken?

Wir haben soviel Macht, wenn wir diese denn weise nutzen würden.

Was macht ein Lebewesen, wenn es Parasiten hat?

Jedes Lebewesen will die Parasiten loswerden. Parasiten sind Organismen, die in oder auf einem anderen Organismus leben und sich von ihm ernähren, wobei sie ihm Schaden zufügen. Parasiten können in verschiedenen Formen auftreten, darunter Würmer, Insekten, Pilze und Bakterien. Sie haben sich im Laufe der Evolution an ihre Wirte angepasst und nutzen diese für Nahrung und Lebensraum.

Es gibt verschiedene Arten von Parasiten, darunter Endoparasiten, die im Inneren ihres Wirts leben, und Ektoparasiten, die sich auf der äußeren Oberfläche des Wirts befinden. Parasiten können Krankheiten verursachen oder das Immunsystem des Wirts schwächen, was zu gesundheitlichen Problemen führen kann. Alle Lebewesen haben ein Immunsystem.

Parasiten haben verschiedene Strategien entwickelt, um sich an ihre Wirte anzupassen und ihr Überleben zu sichern. Dazu gehören Tarnung, Täuschung des Immunsystems des Wirts und schnelle Fortpflanzungsraten.

Es ist wichtig zu beachten, dass nicht alle Interaktionen zwischen Organismen als parasitär betrachtet werden sollten. In einigen Fällen können Beziehungen zwischen Organismen symbiotisch sein, was bedeutet, dass beide Partner davon profitieren. Ein bekanntes Beispiel für eine symbiotische Beziehung ist die Partnerschaft zwischen bestimmten Pflanzen und Pilzen.

Insgesamt sind Parasiten ein faszinierendes Thema in der Biologie und spielen eine wichtige Rolle im Ökosystem. Durch das Verständnis ihrer Funktionsweise können wir nicht nur Krankheiten besser bekämpfen, sondern auch die Komplexität der Natur besser schätzen und schützen.

Wie schön wäre es, wenn wir alle statt parasitär, neu und vor allem symbiotisch mit dem Planeten, den Lebewesen und den Menschen umgehen würden.

Die symbiotische Lebensweise bezieht sich auf eine enge und oft langfristige Beziehung zwischen zwei oder mehreren Organismen verschiedener Arten, bei der beide Partner voneinander profitieren. Diese Beziehung kann verschiedene Formen annehmen und reicht von lockerer Koexistenz bis hin zu einer engen Abhängigkeit voneinander.

Es gibt verschiedene Arten von symbiotischen Beziehungen, darunter Mutualismus, Kommensalismus und Parasitismus. Im Mutualismus profitieren beide Partner voneinander, im Kommensalismus profitiert einer der Partner, während der andere weder profitiert noch geschädigt wird, und im Parasitismus profitiert einer der Partner auf Kosten des anderen.

Symbiotische Beziehungen sind weit verbreitet in der Natur und spielen eine wichtige Rolle in Ökosystemen. Sie können dazu beitragen, die Gesundheit und das Gleichgewicht von

Lebensräumen zu erhalten, indem sie den Organismen ermöglichen, Ressourcen effizienter zu nutzen und sich besser anzupassen.

Das Verständnis von symbiotischen Beziehungen ist nicht nur wichtig für die Biologie, sondern auch für die Landwirtschaft, Medizin und Umweltschutz. Durch die Förderung positiver symbiotischer Interaktionen können wir dazu beitragen, nachhaltigere Praktiken zu entwickeln und das Wohlergehen von Mensch und Natur zu fördern.

Wir können das tun!

Jeder einzelne von uns kann einen Beitrag leisten, um in Symbiose und Respekt mit allem Leben zu interagieren.

Liebes Universum, ich wünsche mir, dass die Menschheit sich wünscht, einen Teil dazu beizutragen.

Ich glaube, dass wir nicht nur das Universum rufen können, sondern, dass das Universum auch uns ruft.

In diesem Jahr 2024 habe ich 2 Ausbildungen zur Energiemedizinerin bei Alberto Villoldo gemacht.

Alberto Villoldo ist Schamane, Medizinmann und Erdenhüter. Er hat uns auf wunderbare Weise die Sicht der alten Schamanen beigebracht.

Die Weisheit der Schamanen basiert auf jahrhundertealten Praktiken und Überzeugungen, die von indigenen Kulturen auf der ganzen Welt praktiziert werden. Schamanen sind spirituelle Führer und Heiler, die in der Lage sind, zwischen der physischen Welt und der spirituellen Welt zu reisen, um Heilung, Wissen und Führung zu erhalten.

Die Weisheit der Schamanen beruht auf dem Glauben an die Einheit von Mensch und Natur sowie an die Verbindung aller Lebewesen miteinander. Sie lehren Respekt vor der Natur, Dankbarkeit für das Leben und das Bewusstsein für die spirituelle Dimension des Seins.

Die Schamanen glauben daran, dass Körper, Geist und Seele im Einklang sein müssen, um ein gesundes und erfülltes Leben zu führen.

Die Weisheit der Schamanen betont auch die Bedeutung von Gemeinschaft, Zusammenarbeit und gegenseitiger Unterstützung. Schamanische Traditionen fördern den Respekt vor anderen Menschen, Tieren und der Umwelt sowie den Glauben an die Kraft des gemeinsamen Handelns für das Wohl aller.

In einer zunehmend technologisierten und materialistischen Welt kann die Weisheit der Schamanen uns daran erinnern, unsere Verbindung zur Natur, zu unseren Mitmenschen und zu unserer eigenen inneren Spiritualität nicht zu vernachlässigen. Indem wir uns öffnen für die Lehren der Schamanen können wir eine tiefere Verbindung zur Welt um uns herum herstellen und ein tieferes Verständnis für unser eigenes Sein entwickeln.

Das ist unser aller Ursprung, unsere alten Wurzeln, von denen wir uns so weit entfernt haben.

Wusstet ihr, das die Völker, die noch nach den Naturgesetzen leben, keine unserer Erkrankungen haben?

Es gibt dort weder Krebs noch Demenz oder andere Zivilisationskrankheiten.

Die Erdenhüter

...sind eine Bewegung von Menschen, die sich für den Schutz und die Erhaltung der Umwelt einsetzen. Ihr Ziel ist es, die natürlichen Ressourcen der Erde zu bewahren, die Artenvielfalt zu schützen und nachhaltige Praktiken zu fördern, um den Planeten für zukünftige Generationen zu erhalten.

Die Erdenhüter glauben an die Verantwortung jedes Einzelnen, sich um die Erde zu kümmern und respektvoll mit ihr umzugehen. Sie setzen sich für Umweltschutzmaßnahmen ein, wie z.B. die Reduzierung von Abfall, den Schutz bedrohter Tier- und Pflanzenarten, die Förderung erneuerbarer Energien und den Kampf gegen den Klimawandel.

Die Bewegung der Erdenhüter basiert auf dem Prinzip der Nachhaltigkeit, das darauf abzielt, die Bedürfnisse der heutigen Generation zu erfüllen, ohne die Möglichkeiten zukünftiger Generationen zu gefährden. Sie streben danach, im Einklang mit der Natur zu leben und ökologische Gerechtigkeit für alle Lebewesen auf der Erde sicherzustellen.

Erdenhüter engagieren sich in verschiedenen Aktivitäten wie Umweltschutzprojekten,

Müllsammelaktionen, Baumpflanzungen, Bildungs-programmen und Lobbyarbeit für umweltfreundliche Gesetze und Richtlinien. Sie arbeiten oft in Gemeinschaften zusammen, um positive Veränderungen auf lokaler, nationaler und globaler Ebene herbeizuführen.

Die Erdenhüter erkennen an, dass der Schutz der Umwelt untrennbar mit sozialer Gerechtigkeit verbunden ist.

Sie setzen sich für eine gerechte Verteilung von Ressourcen ein und kämpfen gegen Umweltverschmutzung, Ausbeutung von Arbeitern und indigenen Völkern sowie andere Formen sozialer Ungerechtigkeit.

Die Bewegung der Erdenhüter wächst stetig an und gewinnt weltweit an Bedeutung. Immer mehr Menschen erkennen die Dringlichkeit des Umweltschutzes und engagieren sich aktiv für den Schutz unseres Planeten.

In einer Zeit, in der die Auswirkungen des Klimawandels immer spürbarer werden und die natürlichen Ressourcen knapper werden, spielen die Erdenhüter eine wichtige Rolle bei der Bewusstseinsbildung und dem Handeln für eine nachhaltige Zukunft.

Ihre Bemühungen tragen dazu bei, das Bewusstsein für Umweltfragen zu schärfen und positive Veränderungen herbeizuführen, um unseren Planeten zu schützen und zu bewahren.

Ich wünsche mir von Herzen, dass auch du Lust dazu hast, ein/e Erdenhüterln zu sein.

Das Gute ist, jeder kann sofort damit beginnen. Jede kleine Handlung zählt.

Du könntest z.B. Müll aufheben und in Papierkörbe werfen, wenn du spazieren gehst – auch wenn du ihn nicht dahingeworfen hast.

Du könntest deinen Abfall im Auto sammeln und zu Hause getrennt nach Systemen entsorgen, statt ihn während der Fahrt aus dem Autofenster zu werfen.

Du könntest respektvoll mit Tieren und Pflanzen umgehen, dazu gehört auch, während der Brut- und Setzzeit Hecken, Wiesen, Bäume nicht übermäßig oder unnötig zu beschneiden. Insektenfreundliche Blumen, Stauden, Wiesen anpflanzen.

Ach es gibt soviele Möglichkeiten.

Du könntest Energieressourcen sparen, Strom, Wasser, Wärme.

Du könntest dich aus der Wegwerfgesellschaft lösen.

Du könntest Müll vermeiden und richtig trennen.

Du könntest lokale Produkte kaufen.

Du könntest dir selber ein Bild davon machen, wo du in deinem Umfeld ein Erdenhüter sein kannst :-)

Indem jeder Einzelne kleine Schritte unternimmt und bewusste Entscheidungen trifft, kann er einen positiven Beitrag zum Umweltschutz leisten und dazu beitragen, unseren Planeten für zukünftige Generationen zu erhalten.

Allem vorweg steht natürlich das Bewusstsein, dass der Planet nicht von Menschen abhängig ist, sondern der Mensch ist vom Planeten abhängig.

Jetzt wirst du vielleicht denken: ja bla bla bla, weiß ich doch alles schon!!

Dann frage dich, lebst du wirklich danach?

Gibst du dein Bestes, um dein eigenes Wissen wirklich umzusetzen?

Es würde sogar funktionieren, wenn die Bereitschaft für ein gesundes Miteinander eine höhere Dimension einnehmen würde. Ich denke da an:

Nehmen und Geben

Bitte und Danke

Zufriedenheit

Dankbarkeit

Verbundenheit

Verantwortung etc.

Rücksicht

Weitsicht

Respekt

Ich weiß nicht, wann du geboren bist, aber zu meiner Zeit (70ger Jahre) haben wir viel symbiotischer gelebt als heute.

In meiner Kindheit wurde nicht einfach irgendwas weggeworfen oder ausgetauscht, weil es etwas moderneres gegeben hat. Damit meine ich alles, Nahrung, Kleidung, Alltagsgegenstände, Luxusartikel etc.

Es ist meine Generation, die mitverantwortlich ist und die es ganz anders kennengelernt hat.

Versteh das nicht falsch, ich freue mich selbst total über unsere Kommunikationsmittel, innovativen Neuerungen und viele Erfindungen, die das Leben erleichtern. Es geht ums zuviel des Guten. Es geht um Mäßigkeit.

Mäßigkeit

...ist ein Konzept, das die Idee der Bescheidenheit, Ausgewogenheit und Selbstkontrolle umfasst. Es bezieht sich auf die Fähigkeit, Maß zu halten und nicht in Extreme zu verfallen, sei es im Konsumverhalten, im Umgang mit Ressourcen oder im persönlichen Verhalten.

In Bezug auf den Umweltschutz kann Mäßigkeit bedeuten, bewusst zu konsumieren und nur das zu kaufen, was wirklich benötigt wird, anstatt sich von übermäßigem Konsum und Materialismus leiten zu lassen. Es bedeutet auch, Ressourcen wie Wasser, Energie und natürliche Rohstoffe sparsam zu nutzen und nicht mehr zu verbrauchen als notwendig.

Mäßigkeit kann auch bedeuten, einen ausgewogenen Lebensstil zu führen, der sowohl körperlich als auch geistig gesund ist. Dies beinhaltet eine ausgewogene Ernährung, regelmäßige Bewegung, ausreichend Schlaf und die Pflege sozialer Beziehungen. Indem man auf sein Wohlbefinden achtet und sich selbst gut behandelt, kann man ein Gleichgewicht im Leben finden.

Im sozialen Bereich kann Mäßigkeit bedeuten,

sich für Gerechtigkeit und Fairness einzusetzen. Es bedeutet auch, Konflikte friedlich zu lösen und Respekt gegenüber anderen Meinungen und Lebensweisen zu zeigen.

Mäßigkeit kann auch spirituelle Dimensionen haben, indem sie dazu ermutigt, Achtsamkeit zu praktizieren, Meditation oder Gebet in den Alltag zu integrieren und nach innerer Harmonie und Frieden zu streben.

Insgesamt kann Mäßigkeit als Leitprinzip dienen, um ein ausgeglichenes Leben zu führen, das im Einklang mit den eigenen Werten und Überzeugungen steht. Indem man mäßig handelt und Maß hält in allen Bereichen des Lebens, kann man dazu beitragen, ein nachhaltiges Gleichgewicht zwischen Mensch und Natur sowie zwischen individuellem Wohlstand und dem Wohl der Gemeinschaft herzustellen.

Sowohl als auch

"Sowohl als auch" ist eine Redewendung, die verwendet wird, um auszudrücken, dass beide Optionen oder Elemente in einer Aussage oder Situation zutreffen oder gültig sind. Es betont die Idee der Inklusivität und zeigt an, dass es keine Notwendigkeit gibt, zwischen zwei gegensätzlichen Dingen zu wählen, da beide gleichzeitig existieren können.

"Sowohl als auch" wird oft verwendet, um Vielfalt oder Komplexität in einer Aussage zu betonen und zu zeigen, dass mehrere Aspekte gleichzeitig existieren können. Es kann auch verwendet werden, um Kompromisse zu vermeiden und anzuerkennen, dass verschiedene Perspektiven oder Optionen gleichermaßen gültig sein können.

Sowohl Entwicklung, als auch Nachhaltigkeit.

Sowohl Modernität, als auch die Erde hüten.

Sowohl als auch ist eine magische Zauberformel, um Konflikte zu vermeiden. Viele Menschen sind sehr im Schwarz Weiß verhaftet. In den meisten Fällen ist das starre Denken nicht förderlich, nicht symbiotisch anwendbar.

"Schwarz-Weiß-Denken" bezieht sich auf eine Denkweise, bei der komplexe Situationen oder Probleme in einfache Kategorien eingeteilt werden. Es ist eine Form des starren Denkens, bei der nur zwei extreme Positionen oder Lösungen betrachtet werden, ohne Grautöne oder Nuancen zu berücksichtigen.

Menschen, die im Schwarz-Weiß-Denken verhaftet sind, neigen dazu, in Extremen zu denken und sehen die Welt in absoluten Begriffen wie "gut" oder "schlecht", "richtig" oder "falsch", ohne Zwischentöne oder Abstufungen zu erkennen. Dies kann zu einer eingeschränkten Sichtweise führen und die Fähigkeit beeinträchtigen, komplexe Realitäten angemessen zu erfassen.

Schwarz-Weiß-Denken kann zu Schwarz-Weiß-Urteilen führen, bei denen Menschen oder Situationen schnell in eine der beiden Kategorien eingeteilt werden, ohne die Vielfalt und Komplexität des Lebens zu berücksichtigen. Dies kann zu Vorurteilen, Engstirnigkeit und Konflikten führen, da differenzierte Perspektiven nicht zugelassen werden.

Es ist wichtig, sich bewusst zu machen, wenn man im Schwarz-Weiß-Denken gefangen ist, und sich bemühen, flexibler und nuancierter zu denken. Indem man Grautöne zulässt und verschiedene Perspektiven in Betracht zieht, kann man ein tieferes Verständnis für komplexe Themen entwickeln und bessere Entscheidungen treffen. Es ist wichtig anzuerkennen, dass die Welt selten nur in Schwarz und Weiß existiert und dass es viele Schattierungen dazwischen gibt.

Schwarz Weiß Denken ist typisch für die Dualität in der wir leben. Dualität ist keine Symbiose. Dualität bezieht sich auf zwei Gegensätze.

Mann und Frau

Gut und Böse

Hell und dunkel

Arm und Reich

Stimmt, es gibt oft Gegensätze auf zwei verschiedenen Polen.

Meiner Auffassung nach, sind die beiden entgegensetzten Pole, die Enden eines breiten Spektrum. Es fällt Menschen leichter, wenn Dinge, Personen, Situationen in **entweder/oder** eingeteilt werden könnten.

Wir sollten uns dennoch alle bemühen, mehr in **sowohl als auch** zu denken.

Liebes Universum, ich wünsche mir, dass die Menschheit mehr im Spektrum, als in den Polen denkt.

Wie viel weniger Konflikte würde es geben, wenn wir Menschen das beherrschen würden. Ein ganz einfaches, aber klassisches Beispiel: der Geschirrspüler.

Person A besteht darauf, dass Töpfe nach unten kommen und das Besteck sortenrein in die Körbchen sortiert werden. Das Gegenüber B möchte das Besteck nicht sortieren und den Topf, wenn Platz ist nach oben stellen. Das sorgt für wiederkehrende Konflikte, wenn beide schwarz weiß denken.

Dann ist nur entweder oder möglich. Krieg oder Frieden.

Aber ganz ehrlich, dem Geschirr, dem Besteck, dem Topf und sogar dem Geschirrspüler ist das völlig egal, wo was steht. Wenn am Ende alles sauber ist, ist alles ok. Es funktioniert sowohl als auch!

Das bringt zum Punkt Konflikte

Konflikte:

Es gibt viele Faktoren, die zu Konflikten führen können. Hier sind einige häufige Ursachen dafür

1. Unterschiedliche Interessen und Ziele: Wenn Menschen unterschiedliche Bedürfnisse, Werte oder Ziele haben, kann dies zu Konflikten führen, insbesondere wenn diese Interessen miteinander in Konflikt geraten.

2. Mangelnde Kommunikation: Missverständnisse, unklare Kommunikation oder fehlende Kommunikation können zu Konflikten führen, da die Beteiligten nicht richtig miteinander kommunizieren und Missverständnisse entstehen können.

3. Machtungleichgewicht: Wenn eine Partei mehr Macht oder Autorität hat als die andere, kann dies zu Spannungen und Konflikten führen, insbesondere wenn die weniger mächtige Partei sich unterdrückt oder ungerecht behandelt fühlt.

4. Unterschiedliche Werte und Überzeugungen: Wenn Menschen unterschiedliche Werte, Überzeugungen

oder Weltanschauungen haben, können Meinungsverschiedenheiten entstehen, die zu Konflikten führen, insbesondere wenn diese Werte als unvereinbar angesehen werden.

5. Ressourcenknappheit: Wenn es einen Mangel an Ressourcen wie Geld, Zeit oder Raum gibt, kann dies zu Konflikten führen, da die Beteiligten um begrenzte Ressourcen konkurrieren müssen.

6. Persönliche Differenzen: Persönliche Konflikte, Eifersucht, Neid oder andere emotionale Probleme zwischen Personen können zu Konflikten führen und das zwischenmenschliche Verhältnis belasten.

7. Kulturelle Unterschiede: Unterschiede in kulturellen Hintergründen, Traditionen oder Normen können zu Missverständnissen und Konflikten führen, wenn die Beteiligten nicht sensibel auf die kulturellen Unterschiede eingehen.

Es ist wichtig zu erkennen, dass Konflikte ein natürlicher Bestandteil des menschlichen Zusammenlebens sind und nicht zwangsläufig negativ sein müssen. Durch eine konstruktive

Auseinandersetzung mit den Ursachen von Konflikten und durch den Einsatz von Kommunikation, Kompromissbereitschaft und Empathie können Konflikte gelöst werden und sogar zu positiven Veränderungen führen.

Am besten geht das mit **sowohl als auch.**

Recht haben wollen ist in Wahrheit nur ein Sicherheitsbedürfnis und zeigt persönliche Unsicherheiten und dogmatisches Denken an.

Wer Recht haben will, verurteilt schnell. Wer Verurteilt kann nicht mehr ins Verständnis kommen.

Wer im Verständnis ist, kann nicht verurteilen.

Verständnis

Verständnis ist die Fähigkeit, etwas zu begreifen, zu erfassen oder zu verstehen. Es beinhaltet die Aufnahme von Informationen, das Nachdenken über sie und das Bilden von Zusammenhängen oder Schlussfolgerungen. Verständnis kann auf verschiedenen Ebenen stattfinden, von einfachen Fakten bis hin zu komplexen Konzepten oder Ideen.

Ein tiefes Verständnis erfordert oft mehr als nur die Oberfläche zu kratzen. Es beinhaltet das Erkennen von Zusammenhängen, das Erkennen von Mustern und das Einordnen neuer Informationen in einen größeren Kontext. Verständnis kann auch Empathie beinhalten, indem man sich in die Lage anderer versetzt und ihre Perspektiven und Gefühle nachvollzieht. Verständnis spielt eine wichtige Rolle in zwischenmenschlichen Beziehungen, da es dazu beiträgt, Konflikte zu lösen, Kommunikation zu verbessern und Empathie zu fördern. Wenn wir uns bemühen, andere Menschen wirklich zu verstehen, können wir besser auf ihre Bedürfnisse eingehen und ein tieferes Vertrauen und Respekt füreinander aufbauen.

Um ein besseres Verständnis für etwas zu entwickeln, ist es wichtig, aktiv zuzuhören, Fragen zu stellen, verschiedene Perspektiven in Betracht zu ziehen und offen für neue Ideen und Informationen zu sein. Indem wir uns bemühen, Dinge aus verschiedenen Blickwinkeln zu betrachten und tiefer in die Materie einzutauchen, können wir unser Verständnis vertiefen und unsere Denkfähigkeiten verbessern.

Wie kann man Verständnis erweitern?

Um mehr Verständnis für verschiedene Themen, Menschen oder Situationen zu entwickeln, gibt es einige praktische Schritte, die du unternehmen kannst:

1. Aktives Zuhören: Nimm dir Zeit, anderen zuzuhören und ihre Perspektiven und Standpunkte wirklich zu verstehen. Stelle Fragen, um Klarheit zu schaffen und zeige Interesse an ihren Gedanken und Gefühlen.

2. Lerne aus verschiedenen Quellen: Informiere dich aus div. Quellen über ein Thema, um ein umfassenderes Verständnis zu entwickeln. Lies Bücher, Artikel, schaue Dokumentationen oder suche nach Expertenmeinungen.

3. Reflektiere über deine eigenen Überzeugungen: Hinterfrage deine eigenen Annahmen, Vorurteile und Überzeugungen kritisch. Sei offen für neue Ideen und bereit, deine Meinung zu ändern, wenn du neue Informationen erhältst.

4. Setze dich mit anderen Meinungen auseinander: Diskutiere mit Menschen, die unterschiedliche Ansichten haben als du. Versuche zu verstehen, warum sie so denken wie sie denken und respektiere ihre Sichtweisen, auch wenn du nicht damit übereinstimmst.

5. Praktiziere Empathie: Versetze dich in die Lage anderer Menschen und versuche, ihre Gefühle und Perspektiven nachzuvollziehen. Empathie hilft dir dabei, ein tieferes Verständnis für ihre Motivationen und Handlungen zu entwickeln.

6. Bildung und Weiterbildung: Investiere Zeit in Bildung und Weiterbildung, um dein Wissen und deine Denkfähigkeiten zu erweitern. Besuche Kurse, Seminare oder Workshops zu Themen, die dich interessieren.

7. Bleibe neugierig: Sei neugierig auf die Welt um dich herum und stelle kontinuierlich Fragen. Das Streben nach Wissen und Verständnis wird dir helfen, dein Denken zu schärfen und neue Perspektiven zu gewinnen.

Indem du diese Schritte befolgst und aktiv daran arbeitest, dein Verständnis für verschiedene Themen und Menschen zu vertiefen, wirst du dazu beitragen können, eine offene Geisteshaltung zu entwickeln und ein tieferes Verständnis für die Welt um dich herum zu gewinnen.

Open Mind:

Ein "offener Geist" oder eine "offene Geisteshaltung" bezieht sich auf die Bereitschaft, neue Ideen, Perspektiven und Informationen zu akzeptieren und zu prüfen, ohne voreingenommen oder vorschnell zu urteilen. Eine offene Geisteshaltung ist wichtig, um ein tieferes Verständnis für die Welt um uns herum zu entwickeln und um mit anderen Menschen in Respekt und Toleranz zu interagieren.

Hier sind Merkmale einer offenen Geisteshaltung:

1. Neugierde: Eine offene Person ist neugierig auf neue Ideen, Erfahrungen und Perspektiven. Sie ist bereit, Fragen zu stellen und mehr über die Welt zu lernen.

2. Toleranz: Eine offene Person respektiert die Meinungen und Überzeugungen anderer, auch wenn sie nicht damit übereinstimmen. Sie ist tolerant gegenüber Vielfalt und unterschiedlichen Lebensweisen. (sowohl als auch)

3. Flexibilität: Eine offene Person ist flexibel und bereit, ihre Meinung zu ändern, wenn sie neue Informationen erhält oder ihre Ansichten überdacht werden müssen.

4. Empathie: Eine offene Person kann sich in die Lage anderer versetzen und deren Gefühle und Perspektiven nachvollziehen. Sie zeigt Mitgefühl und Verständnis für die Erfahrungen anderer.

5. Kritisches Denken: Eine offene Person denkt kritisch über Informationen nach, bevor sie Schlussfolgerungen zieht. Sie hinterfragt Annahmen, prüft Quellen und betrachtet verschiedene Seiten eines Arguments.

Eine offene Geisteshaltung kann dazu beitragen, Vorurteile abzubauen, Kommunikation zu verbessern und Konflikte zu lösen.

Eine andere Meinung zu akzeptieren, bedeutet nicht, dass man im Unrecht ist, oder falsch denkt. Es gibt einfach viele Wege, aus denen jeder wählen darf.

Brainstorming zum wünschen:

Liebes Universum, ich wünsche mir:

- einen offenere Geisteshaltung
- Respekt vor neuen Ideen
- mein Abwehrverhalten zu verringern
- Verständnis für Andersartigkeit
- die Aufmerksamkeit, zu spüren, wenn ich im alten Muster bin und denke
- Gelassenheit, statt Bewertung
- Neugierde, um neue Fragen zu stellen und zu neuen Ergebnissen zu kommen
- Durchhaltevermögen, um meine mir wichtigen Projekte mit Geduld durchzuziehen
- mit Empathie und Wohlwollen auf die Erfahrungen anderer zu reagieren
- viele Ideen, wie es gehen kann, dass ….
- Heilung
- weniger Zweifel
- Bereitschaft
- mehr Harmonie im Leben

- mehr Akzeptanz gegenüber anderen

- mehr Akzeptanz gegenüber anderem Verhalten

- Toleranz

- mehr über den Tellerrand denken

- das ganze zu sehen

Das kann alles gehen.

Du musst nur mitarbeiten. Ein echtes, konkretes Ziel vor deinen Augen haben, warum und wofür du dir deinen Wunsch wünscht.

Menschen können ihre Ziele/Wünsche nur dann erreichen, wenn sie zuallererst ein klares Ziel vor Augen haben, was einen Sinn für die Person selbst macht.

Dann braucht es Bereitschaft, Komfortzonen zu verlassen, Gewohnheiten zu verändern, einen Preis zu bezahlen, die Bereitschaft, den Preis zu bezahlen.

Du solltest Meilensteine setzen, an denen du erkennen kannst, ob du auf dem richtigen Weg bist. Überprüfbarkeit.

Plus Zuversicht, Geduld und Überzeugung.

Diese Tools sind zum Teil aus der Verhaltenspsychologie und funktionieren für jegliche Veränderung, die du dir im Leben wünscht. Du kannst dir alles wünschen.

Angenommen, du wünscht dir, dein Gewicht zu reduzieren. Du möchtest 10 KG abnehmen.

Werde dir bewusst, ob 10 KG machbar sind. In welcher Zeit ist das möglich? Realistisch sind 1 KG pro Woche. Wenn du dir 10 KG in 2 Wochen wünscht, wirst du scheitern und frustriert sein. Was genau bist du bereit für dein Ziel zu verändern?

Was willst du essen, was nicht mehr essen, was tust du wenn du eingeladen wirst oder Besuch bekommst, was willst du tun, wenn du Heißhunger bekommst oder alle anderen etwas essen, was du nicht mehr essen willst? Warum willst du abnehmen?

Welche Vorteile hat das für dich?Was willst du tun, wenn es sehr stressig oder langweilig ist? Wie willst du deine alten Gewohnheiten zu Gunsten deines Ziels verändern? Wie schaffst du es durchzuhalten? Hast du den Fehlerquellen Check gemacht?

Fehlerquellen Check:

Hast du dich folgendes gefragt:

Macht mich mein gewähltes Ziel wirklich glücklich?

Weiß ich genau woran ich erkenne wann ich mein Ziel erreiche?

Ist das Ziel mit einem Termin versehen?

Ist mir der Preis für mein Ziel klar und will ich ihn bezahlen?

Ist das Ziel realistisch und erreichbar?

Ist mein Ziel konkret und klar in kleinen Schritten formuliert?

Ist das Ziel wirklich attraktiv für mich und will ich es wirklich?

Wenn du eine realistische Idee gefunden hast wie es für dich gehen kann, Bereitschaft in dir findest, dann wird dich das Universum auf allen erdenklichen Ebenen unterstützen. Auch auf Ebenen die du dir noch nicht vorstellen kannst.

Es nur zu wollen, genügt nicht. Du schaffst es dann, wenn du wirklich bereit bist und deinen Teil dazu tust. Du musst den Anfang machen, deine Frequenz und deine Schwingung verändern. Das kommt an im Universum.

Hier nochmal eine Zusammenfassung:

Um deine Wünsche/Ziele zu erreichen, ist es wichtig, einen klaren Plan zu erstellen und konsequent daran zu arbeiten. Hier sind einige Schritte, die dir helfen können, deine Ziele zu erreichen:

1. Definiere deine Wünsche/Ziele:: Setze dir klare und spezifische Ziele, die messbar und erreichbar sind. Überlege dir, was du genau erreichen möchtest und warum es dir wichtig ist.

2. Erstelle einen Aktionsplan: Entwickle einen detaillierten Plan mit konkreten Schritten, die du unternehmen musst, um dein Ziel zu erreichen. Teile den Plan in kleinere Etappen auf, um den Fortschritt besser verfolgen zu können.

3. Bleibe fokussiert: Konzentriere dich auf deine Wünsche/Ziele und lasse dich nicht von Ablenkungen abbringen. Priorisiere deine Aufgaben entsprechend und arbeite kontinuierlich an der Umsetzung deines Plans.

4. Sei diszipliniert: Halte dich an deinen Plan und bleibe konsequent in deinen Bemühungen. Überwinde Hindernisse und Rückschläge mit Entschlossenheit und bleibe motiviert, auch wenn es schwierig wird.

5. Feiere Erfolge: Belohne dich selbst für erreichte Meilensteine und feiere kleine Erfolge auf dem Weg zu deinem großen . Wünsche/Ziel. Das hilft dir, motiviert zu bleiben und den Spaß am Erreichen deiner Wünsche/Ziele nicht zu verlieren.

6. Suche Unterstützung: Hol dir Unterstützung von Freunden, Familie oder Mentoren, die dich auf deinem Weg unterstützen können. Teile deine Wünsche/Ziele mit anderen und lass dich von ihrem Feedback und ihrer Unterstützung inspirieren.

7. Überprüfe regelmäßig deinen Fortschritt: Analysiere regelmäßig, wie weit du bereits gekommen bist und ob du noch auf Kurs bist. Passe gegebenenfalls deinen Plan an und bleibe flexibel in deiner Herangehensweise.

8. Das Setzen von Wünsche/Zielen für die persönliche Entwicklung ist ein wichtiger Schritt, um sich selbst zu verbessern, neue Fähigkeiten zu erlernen und persönliche Wünsche/Ziele zu erreichen. Hier sind einige Tipps, wie man Wünsche/Ziele für die persönliche Entwicklung setzen kann:

9. Reflektiere über deine Stärken und Schwächen: Bevor du Wünsche/Ziele setzt, ist es wichtig, eine Bestandsaufnahme deiner aktuellen Fähigkeiten, Interessen durchzuführen. Überlege, was du gut kannst und wo du dich noch verbessern möchtest.

10. Definiere klare und spezifische Wünsche/Ziele. Formuliere sie so konkret wie möglich. Vermeide vage Formulierungen wie "Ich möchte besser werden" und setze stattdessen klare Wünsche/Ziele wie "Ich möchte meine Kommunikationsfähigkeiten verbessern, indem ich an einem Rhetorikkurs teilnehme".

11. Setze realistische Wünsche/Ziele: Achte darauf, dass sie realistisch und erreichbar sind. Überfordere dich nicht

mit zu ambitionierten Wünschen/Zielen, sondern setze dir kleine Etappen.

12. Mache deine Wünsche/Ziele messbar: Formuliere sie so, dass du ihren Fortschritt messen kannst. Setze konkrete Meilensteine oder Zeitrahmen, um den Fortschritt zu verfolgen und gegebenenfalls Anpassungen vorzunehmen.

13. Priorisiere deine Wünsche/Ziele: Überlege dir, welche Ziele für dich am wichtigsten sind und priorisiere sie entsprechend. Konzentriere dich auf diejenigen Wünsche/Ziele, die dir am meisten am Herzen liegen und die dir langfristig am meisten bringen.

14. Erstelle einen Aktionsplan: Entwickle einen konkreten Aktionsplan, der beschreibt, welche Schritte du unternehmen musst, um deine Wünsche zu erreichen. Teile große Wünsche in kleinere Aufgaben auf und plane regelmäßige Fortschrittsüberprüfungen ein.

15. Bleibe flexibel: Sei bereit, deine Wünsche und Ziele anzupassen oder zu ändern, wenn sich deine Umstände oder

Prioritäten ändern. Es ist wichtig, flexibel zu bleiben und offen für neue Möglichkeiten zur persönlichen Entwicklung zu sein.

16. Belohne dich für Erfolge: Feiere deine Erfolge und belohne dich selbst für Durchhalten. Eine Belohnung kann dazu beitragen, Motivation aufrechtzuerhalten und den Spaß an der persönlichen Entwicklung zu fördern.

17. Indem du klare und realistische Wünsche und Ziele setzt und konsequent an ihrer Umsetzung arbeitest, kannst du positive Veränderungen und Wunder in deinem Leben herbeiführen um dein volles Potenzial zu entfalten.

Indem du diese Schritte befolgst und hart an der Verwirklichung deiner Wünsche arbeitest, kannst du nicht nur dem Universum zeigen, was du wirklich willst, sondern auch dir selbst.

Denke daran, dass es normal ist, Rückschläge zu erleben, aber lass dich davon nicht entmutigen – bleibe fokussiert und behalte dein Wünsche und Wunder im Auge.

Wenn dir die Dinge nicht schnell genug gehen, du mit Konflikten, Stress, Frust nicht umgehen kannst, dann siegt die alte Gewohnheit und du bestellst deinen Wunsch dadurch wieder ab, indem du das alte Muster lebst und akzeptierst.

Gewohnheit schlägt Gesundheit und Willen

Bisher habe ich dir schon viele Möglichkeiten aufgezeigt, wie es gehen kann.
Gewohnheit kann ein großer Widersacher bei der Wunscherfüllung sein, denn sie sorgt dafür, dass du unbewusst weiter im alten Muster denkst und handelst. Gewohnheit ist grundsätzlich etwas gutes. Wir wären nicht fähig zu leben, ohne Gewohnheiten.

Gewohnheiten

sind Verhaltensweisen oder Handlungen, die wir regelmäßig und automatisch ausführen, ohne darüber nachdenken zu müssen.

1. Effizienz: Gewohnheiten helfen uns, Zeit und Energie zu sparen, da wir nicht jedes Mal neu überlegen müssen, wie wir bestimmte Aufgaben erledigen. Indem wir bestimmte Handlungen zur Gewohnheit machen, können wir sie schneller und effizienter ausführen.

2. Konsistenz: Gewohnheiten ermöglichen es uns, konsistent zu handeln und unsere Ziele langfristig zu verfolgen. Indem wir positive Gewohnheiten entwickeln, können wir sicherstellen, dass wir kontinuierlich an unseren Zielen arbeiten und Fortschritte erzielen.

3. Selbstregulierung: Gewohnheiten helfen uns dabei, unser Verhalten zu steuern und diszipliniert zu handeln. Indem wir gesunde Gewohnheiten etablieren, können wir ungesunde Verhaltensweisen reduzieren und unsere Selbstkontrolle stärken.

4. Stressreduktion: Gewohnheiten geben uns ein Gefühl von Sicherheit und Stabilität, da sie uns in vertrauten Mustern handeln lassen. Dies kann dazu beitragen, Stress abzubauen und uns ein Gefühl von Kontrolle über unser Leben zu geben.

5. Persönliche Entwicklung: Durch bewusstes Gestalten unserer Gewohnheiten können wir positive Veränderungen in unserem Leben herbeiführen und uns persönlich weiterentwickeln. Indem wir neue Gewohnheiten etablieren, können wir unsere Fähigkeiten verbessern, unsere Ziele erreichen und ein erfüllteres Leben führen.

Es ist wichtig zu beachten, dass nicht alle Gewohnheiten positiv sind – auch negative Gewohnheiten können sich tief in unser Verhalten einschleichen. Daher ist es wichtig, bewusst an der Entwicklung gesunder und förderlicher Gewohnheiten zu arbeiten und ungesunde Gewohnheiten zu erkennen und gegebenenfalls zu ändern.

Gewohnheiten sind tief im Unterbewusstsein

verankert und rufen schnell Engelchen und Teufelchen auf den Plan. Wenn du eine Gewohnheit ändern möchtest, wird Teufelchen sofort NEIIIIN schreien und eine Menge Argumente liefern, warum gerade jetzt der Zeitpunkt ungünstig ist, oder wie gut das alte Muster funktioniert, oder wie lange es gedauert hat, das alte Muster zu etablieren, oder das erst Weihnachten vor der Tür steht und das es vorher unmöglich ist etc.

Wenn du deine Gewohnheiten und deine alten Muster kennenlernen möchtest, mach folgendes:

Putz dir 3 Wochen lang deine Zähne mit der nicht dominanten Hand!

Wahrscheinlich wird es sich schon falsch anfühlen, wenn du nur die Zahnbürste in deine andere Hand nimmst. Deine Gewohnheit signalisiert dir, das da was nicht stimmt. Wenn du mutig weitermachst, Zahnpasta auf die Bürste und ab in den Mund, wird sich spätestens jetzt die Gewohnheit mit unangenehmen Gesprächen melden.

Sie wird dir sagen: was ist denn das für ein Blödsinn? Warum machst du das? Bloß weil es in dem Buch stand? Das ist doch Quatsch –

was soll denn das mit dem Universum zu tun haben? Das will ich so nicht. Lass das.

Wenn du fest entschlossen bist, es wenigstens 1x auszuprobieren und genau wahrzunehmen, was dabei in deinem inneren passiert, was deine eigenen Gedanken dir mitteilen, obwohl du fest entschlossen bist – dann hast du eine Idee davon, warum vieles, was man selbst wählt, schnell wieder vergessen ist.

Tatsächlich müsstest du 21 bis 28 Tage lang, jedesmal deine Zähne mit der nichtdominanten Hand putzen, bis deine Gewohnheit sich umstellt und das meckern aufgibt.

Unsere Gewohnheiten haben eine eigene Intelligenz. Wäre deine dominante Hand z.B. gebrochen, würde dein Unterbewusstsein nicht meckern. Es würde das zwar alles komisch finden, aber nicht annähernd soviel Gegenwehr leisten, wie ohne Verletzung.

Mit Krankheit und Gesundheit funktioniert das Prinzip ähnlich. Solange es noch irgendwie geht, redet man sich ein, dass es noch nicht so schlimm ist, weiter geht. Wenn du gesundheitlich den berühmten Schuss vor den Bug kriegst, dann ist die Chance, das Verhalten, welches zur Krankheit geführt hat, zu verändern deutlich höher.

Weißt du was die meisten Menschen in dem Fall tun?

Sie rufen das Universum!

Viele Menschen wenden sich erst ans Universum, wenn nichts anderes mehr geht. Dann bieten sie Deals an, Versprechungen, Spenden an Kirchen oder so vieles mehr.

Was wäre, wenn wir schon viel früher die Gefühle unseres Lebens, Blockaden, Störungen, Belastungen usw. wahrnehmen würden? Wenn wir einen anderen Weg suchen würden, bevor es alles kurz vor knapp ist.

Auf dem Planeten ist jetzt ebenfalls alles kurz vor knapp. Wenn wir Menschen heilen, heilt auch unser Planet Erde.

Du brauchst ein starkes Mindset und ein starkes Wunschziel, wenn du Dinge zum positiven drehen möchtest. Wischiwaschi führt leider zu nichts.

Damit beginnt die vielleicht schwierigste Blockade. Das selber tun. Ich habe einige Patienten gefragt, ob sie eine Pille mit schweren Nebenwirkungen nehmen würden, wenn diese ihre Probleme weg machen könnte.

Alle ohne Ausnahme haben dazu JA gesagt.

Die beste Therapie kann nicht greifen, wenn der Klient nicht bereit ist, etwas umzusetzen. Die wenigsten sind bereit. Sie wollen lieber Opfergeschichten erzählen und genießen anscheinend ihr Leid. So wird es natürlich niemals anders werden können.

Mich persönlich irritiert seit vielen Jahren, dass viele Menschen in ihrer Opferrolle bleiben und dadurch andere zu Tätern machen wollen. Der Benefit darin ist, dass andere Rücksicht auf diese Klienten nehmen müssen und sollen. Meine Klienten haben psychische Erkrankungen, körperliche Erkrankungen, Erkrankungen des Immunsystem, systemische Erkrankungen, Schlaganfälle oder Demenz. Die Krankheit ist zu einem Schutzschild geworden. Die gute Nachricht ist, das meiste könnte positiv verändert und verbessert werden.

Der Nachteil: meine Klienten müssten sich dem Leben stellen, für sich selber sprechen und die Umstände, die sie gesund nicht ertragen konnten und deshalb krank geworden sind, nachhaltig verändern.

Sehr viele Menschen wünschen sich, dass andere ihre Schieflage auflösen sollen. Dass andere ihnen Tabletten geben sollen, dass andere sie krankschreiben oder berenten sollen, dass andere sich so verändern sollen, dass sie selber schöner leben können. Das funktioniert natürlich nicht. Es ist ja schließlich nicht die Aufgabe der andern. Das Universum stellt nur Aufgaben, die die betreffende Person bewältigen kann. Es ist ihre Entscheidung, sich auf den Weg zu machen, oder eben nicht.

Krankheiten, Schmerzen, Depressionen und Co können natürlich nicht verschwinden, wenn das eigene Innere diese als Schutzschild und Rettung braucht.

Dahlke hat es vor Jahren auf den Punkt gebracht: Krankheit ist nur ein anderer Weg um NEIN zu sagen.

Solange jemand das Universum ruft, um sich zu wünschen, die Welt und alles andere möge sich ändern, damit das Ego in Frieden ist, kann das nichts werden. Das ist unrealistisch. Wenn die Person das Universum rufen würde, um für sich selber eine Lösung der Situation zu wünschen, könnte das Universum reagieren. Ein Mensch der Heilung wünscht, könnte das Universum bitten, den richtigen Arzt oder Therapeuten ins Leben zu bringen. Oder das richtige Buch, dass genau das Leiden des Patienten beinhaltet, inklusive Lösung und Heilung.

Unterm Strich schadet man durch den Wunsch, dass sich andere verändern sollen, obwohl du selbst ein Problem hast, dem ganzen nahem Umfeld. Das ganze Umfeld ist bemüht rücksichtsvoll, empathisch und wohlwollend zu sein, um Konflikte und weitere Kränkung zu vermeiden und kann dadurch oft nicht frei leben. Oder es unterdrückt seine Wut, weil es so oft Rücksicht nehmen muss. Oder oder.

Heilung ist auf verschiedenen Ebenen möglich. Sie ist möglich. Sicher hast du schon von spontan Heilungen und Wunderheilungen gehört. Das alles geht, mit einem festen Ziel, einem starken Wunsch, absoluter Überzeugung und dem Glauben, dass dir dieses Wunder widerfahren wird.

Laut Forschungsergebnissen, glauben 85% der Menschen weltweit an Re-Inkarnation. In Deutschland ca 64%. Wo Re-Inkarnation ist, ist auch das Universum. Wenn du an Wiedergeburt glaubst, dann kennst du das Karma und was die Welt darüber sagt. Wir, jeder einzelne, können Karma abtragen und steuern.Alles ist ein Austausch von Stoffen. Wenn du etwas haben möchtest, musst du einen Beitrag leisten. Einen Ausgleich. Wenn du nur konsumieren möchtest, muss das Universum nix liefern.

Körper – Geist – Seelenmaschine

Du allein bist der Leader, der CEO in deinem Leben. Du bestimmst, was deine Zellen, die Körper- Geist, Seelenmaschine tun sollen. Wie stellst du dir einen guten CEO für dein Unternehmen vor?

Ein guter CEO (Chief Executive Officer) ist eine Führungskraft, die für die strategische Ausrichtung und das Management deines Unternehmens verantwortlich ist. Hier sind einige Eigenschaften und Fähigkeiten, die einen guten CEO ausmachen:

1. Visionär: Ein guter CEO hat eine klare Vision für das Unternehmen und kann langfristige Ziele setzen, um diese Vision zu verwirklichen.

2. Entscheidungsfreudig: Ein CEO muss in der Lage sein, schnelle und fundierte Entscheidungen zu treffen, auch in komplexen oder unsicheren Situationen.

3. Kommunikationsfähigkeit: Ein guter CEO sollte effektiv kommunizieren können, sowohl intern mit den Mitarbeitern (Organe, Gewohnheiten, innere Kritiker,

innere Antreiber, Engelchen und Teufelchen, inneres Kind) als auch extern.

4. Teamführung: Ein CEO muss in der Lage sein, ein starkes Führungsteam aufzubauen und zu führen, das gemeinsam an der Umsetzung der Unternehmensziele arbeitet.

5. Strategisches Denken: Ein guter CEO sollte in der Lage sein, langfristige Strategien zu entwickeln und anzupassen, um das Unternehmen erfolgreich durch Veränderungen und Herausforderungen zu führen.

6. Innovationsfähigkeit: Ein erfolgreicher CEO sollte offen für neue Ideen und Innovationen sein und bereit sein, das Unternehmen kontinuierlich weiterzuentwickeln.

7. Risikobereitschaft: Ein guter CEO muss bereit sein, Risiken einzugehen und Chancen zu ergreifen, um das Wachstum und die Wettbewerbsfähigkeit des Unternehmens zu fördern.

8. Integrität und Ethik: Ein guter CEO sollte ethisch handeln und Integrität zeigen, um das Vertrauen der Mitarbeiter,

Kunden und Investoren zu gewinnen und zu erhalten.

Diese Eigenschaften sind nur einige Beispiele dafür, was einen guten CEO ausmacht. Letztendlich ist es entscheidend, dass ein CEO über die Fähigkeiten verfügt, das Unternehmen erfolgreich zu leiten und langfristigen Erfolg sicherzustellen.

Bist du schon ein guter CEO für dein Unternehmen? Wenn ja, gratuliere ich dir von Herzen.

Wenn nein, dann sage ich dir, dass ich fest an dich glaube, an deine Fähigkeit das Universum zu rufen, dich dahin zu entwickeln, wo du wirklich sein möchtest. Du schaffst das!

Grübeln und Zweifeln...

...ist Kryptonit für alles, was du dir wünscht. Ist auch mein Kryptonit. Ich habe sowohl als auch so stark verinnerlicht, dass es mir mitunter schwer fällt, eine 100% gültige Aussage für mich zu treffen, weil ich weiß, es ist nie 100%

Ich denke schon seit einiger Zeit darüber nach, meine Wohnung zu wechseln. Es gibt viele Gründe dafür, aber auch einige dagegen. Solange ich mich nicht entscheide, werde ich weder umziehen noch hier glücklich sein. Es wäre ziemlich dumm, mir selbst eine solche Situation zu schaffen. Solche Situationen sind mein Kryptonit, wenn ich sie nicht akzeptieren kann. Ich akzeptiere, dass ich momentan nicht umziehe und weiß, dass ich es spüren werde, wenn das Richtige kommt, und dann wird alles einfach sein.

Ich hoffe, du kannst das besser und leichter für dich gestalten. Je klarer du genau weißt, wie es sein soll, desto Zack :-)

Zweifel ist ein natürlicher und menschlicher Zustand, der oft entsteht, wenn wir uns unsicher oder unentschlossen fühlen. Es gibt verschiedene Gründe, warum Menschen zweifeln:

1. Unsicherheit: Wenn wir nicht genügend Informationen haben oder unsicher sind, können Zweifel entstehen. Wir zweifeln an unseren Entscheidungen oder Überzeugungen, weil wir nicht sicher sind, ob sie richtig sind.

2. Komplexität: Manchmal sind Situationen oder Probleme so komplex, dass es schwierig ist, klare Antworten zu finden. In solchen Fällen können Zweifel entstehen, da wir nicht wissen, wie wir vorgehen sollen.

3. Ängste: Ängste und Sorgen können dazu führen, dass wir an unseren Fähigkeiten zweifeln oder uns selbst in Frage stellen. Wir zweifeln möglicherweise daran, ob wir erfolgreich sein werden oder ob wir den Erwartungen anderer gerecht werden können.

4. Externe Einflüsse: Kritik von anderen Menschen oder negative Erfahrungen können Zweifel hervorrufen und unser Selbstvertrauen beeinträchtigen.

5. Selbstreflexion: Manchmal kann Zweifel auch ein Zeichen dafür sein, dass wir über unsere Entscheidungen nachdenken und kritisch reflektieren.

Es ist wichtig zu verstehen, dass Zweifel normal sind und jeder Mensch sie erlebt. Es ist entscheidend, konstruktiv mit Zweifeln umzugehen und Wege zu finden, sie zu überwinden. Dies kann durch Selbstreflexion, Informationsbeschaffung, Gespräche mit anderen Personen oder die Suche nach professioneller Unterstützung geschehen.

Zweifel können eine Chance sein, sich weiterzuentwickeln und neue Perspektiven zu gewinnen. Indem wir unsere Zweifel akzeptieren und konstruktiv damit umgehen, können wir wachsen und lernen, mit Unsicherheiten umzugehen.

Ich glaube, dass einige Zweifel dadurch entstehen, dass wir uns fragen, was andere wohl denken können, wenn wir in Zukunft xyz machen, statt dem, was wir vorher getan haben. Die meisten Menschen sind bereit sich anzupassen, so zu sein wie alle, oder wie ihr Umfeld es erwartet, oder wie sie zu sein haben, damit sie in dem Umfeld in dem sie sein wollen akzeptiert und geduldet werden.

Wenn du wirklich frei, glücklich und gesund sein möchtest, dann scheixx auf alles, lass alles abprallen und werde wieder du selbst. Wenn du so sein willst, wie andere dich haben wollen – findest du vielleicht niemals raus, wie großartig DU wirklich bist. Schmeiß die anderen CEOs aus deiner Führungsspitze raus und übernimm selber dein Steuer.

Co-Leadership in deiner Körper- Geist, Seelen-maschine ist nie eine gute Idee. Vertrau mir.

Das würde eine Co-Abhängigkeit von anderen Systemen schaffen. Jede Co-Abhängigkeit ist immer dysfunktional.

Dysfunktionalität bezieht sich auf Verhaltensweisen, Muster oder Beziehungen, die nicht optimal funktionieren und negative Auswirkungen auf das Wohlbefinden und die Lebensqualität einer Person haben können. Dysfunktionale Verhaltensweisen oder Muster können in verschiedenen Bereichen auftreten, wie zum Beispiel in zwischenmenschlichen Beziehungen, im Arbeitsumfeld oder im Umgang mit Stress.

Ego vs. Seelenfrieden

Das gesunde Ego spielt eine wichtige Rolle in der Wunscherfüllung, sowie Persönlichkeitsentwicklung und beeinflusst, wie wir uns selbst sehen, wie wir mit anderen interagieren und wie wir die Welt um uns herum wahrnehmen. Es hilft uns dabei, unsere Bedürfnisse, Wünsche und Überzeugungen zu erkennen und zu verteidigen.

Das Ego kann jedoch auch negative Auswirkungen haben, wenn es übermäßig dominant wird oder wenn es zu einem übermäßigen Streben nach Macht, Anerkennung oder Kontrolle führt. Ein übermäßig starkes Ego kann zu egozentrischem Verhalten, Narzissmus oder anderen psychologischen Problemen führen.

Es ist wichtig, ein gesundes Gleichgewicht im Umgang mit dem Ego zu finden, um ein positives Selbstwertgefühl zu entwickeln, aber auch Empathie für andere zu zeigen und Beziehungen auf Augenhöhe zu führen, seinen Seelenfrieden zu finden.. Selbstreflexion, Achtsamkeit und gegebenenfalls professionelle Unterstützung können dabei helfen, ein gesundes Verhältnis zum eigenen

Ego zu entwickeln.

Je ausgeprägter das Ego ist, desto mehr beeinträchtigt es den inneren Frieden. Kürzlich las ich, möglicherweise auf TikTok, dass nicht die Seele, sondern nur das Ego verletzt werden kann. Nachforschungen bestätigten mir, dass nicht die Seele leidet, wenn Menschen sich verletzt fühlen, sondern das Ego. Die Seele bleibt stets unversehrt, vollkommen und heil. Das Ego hingegen kann gekränkt, verletzt und zerstört werden. Menschen mit einem großen Ego sind anfälliger für Rache, Wut, Neid, Aggression, Missgunst und Lügen, die bis zur Gewalt führen können, weil ihr Ego verletzt wurde.

Vielleicht könnte man sogar sagen:

Je mehr EGO, desto weniger SEELE und Seelenfrieden

Je mehr Seele und Seelenfrieden, desto gesünder das Ego.

Seele

Die Seele ist ein Konzept, das in vielen religiösen, philosophischen und spirituellen Traditionen eine zentrale Rolle spielt. Sie wird oft als der immaterielle, spirituelle Kern eines Menschen betrachtet, der seine Identität, sein Bewusstsein und seine Lebenskraft ausmacht.

In verschiedenen Glaubenssystemen wird die Seele als unsterblich angesehen und als etwas, das über den physischen Tod hinaus existiert. Sie wird oft als Quelle von Emotionen, Gedanken, Werten und moralischen Überzeugungen betrachtet. Die Seele kann auch als Verbindung zu einer höheren Macht oder einem transzendenten Prinzip verstanden werden.

In einigen Traditionen wird angenommen, dass die Seele wiedergeboren wird (Reinkarnation), während in anderen Vorstellungen die Seele nach dem Tod in eine jenseitige Welt übergeht (Leben nach dem Tod).

Die Idee der Seele spielt auch eine wichtige Rolle in der Psychologie, insbesondere in der Tiefenpsychologie und der Transpersonalen Psychologie. Hier wird die Seele oft als das tiefste Selbst oder das wahre Wesen einer Person betrachtet, das sich jenseits des bewussten Verstandes befindet.

Letztendlich bleibt die Natur der Seele ein Mysterium, das nicht vollständig erklärt oder verstanden werden kann. Für viele Menschen ist die Vorstellung von der Existenz einer Seele jedoch tröstlich und inspirierend, da sie Hoffnung auf ein Leben nach dem Tod gibt und eine tiefere Bedeutung und Verbundenheit im Leben ermöglicht.

Die Frage, ob die Seele verletzt werden kann, ist Gegenstand von Diskussionen in verschiedenen philosophischen, religiösen und psychologischen Traditionen. In vielen spirituellen und esoterischen Lehren wird angenommen, dass die Seele unverletzbar und unsterblich ist, da sie ein immaterielles und göttliches Wesen ist.

Jedoch gibt es auch Ansätze, die darauf hinweisen, dass die Seele durch traumatische Erfahrungen, emotionale Schmerzen oder moralische Verletzungen beeinträchtigt werden kann. In der Psychologie wird oft von seelischen Verletzungen gesprochen, die das psychische Wohlbefinden einer Person beeinflussen können.

Es wird angenommen, dass seelische

Verletzungen zu einem Verlust des inneren Gleichgewichts, zu emotionalen Blockaden oder zu einem Gefühl der Entfremdung von sich selbst führen können. Diese Verletzungen können durch verschiedene Faktoren wie Missbrauch, Vernachlässigung, Trauer oder existenzielle Krisen verursacht werden.

Es ist wichtig anzumerken, dass die Vorstellung von seelischen Verletzungen oft metaphorisch gemeint ist und nicht im wörtlichen Sinne interpretiert werden sollte. Die Seele wird in vielen Traditionen als unendlich und heil betrachtet, und viele glauben an ihre Fähigkeit zur Heilung und Regeneration.

Letztendlich bleibt die Frage nach der Verletzlichkeit der Seele eine komplexe und individuelle Angelegenheit, die von persönlichen Überzeugungen, Erfahrungen und Weltanschauungen geprägt ist. Es liegt im Ermessen jedes Einzelnen zu entscheiden, ob und wie die Seele verletzt werden kann.

Neben der Seele gibt es einen weiteren wichtigen Baustein, auf den ich erst 2023 durch die Channelings von Kryon und Lee Carroll gestoßen bin.

Das Innate.

Das "Innate" bezieht sich auf etwas, das angeboren oder von Natur aus vorhanden ist. Es kann sich auf angeborene Fähigkeiten, Eigenschaften oder Merkmale beziehen, die eine Person von Geburt an besitzt. Der Begriff wird oft in verschiedenen Kontexten verwendet, wie z.b. in der Psychologie, Medizin und Philosophie.

In der Psychologie bezieht sich das Konzept des "Innate" auf genetisch bedingte Merkmale oder Verhaltensweisen, die bereits bei der Geburt vorhanden sind. Dies können z.b. bestimmte Persönlichkeitsmerkmale, kognitive Fähigkeiten oder emotionale Reaktionen sein, die auf biologischen Faktoren beruhen.

In der Medizin kann das "Innate Immunsystem" als Teil des Immunsystems betrachtet werden, das angeborene Abwehrmechanismen gegen Krankheitserreger bereitstellt. Im Gegensatz zum erworbenen Immunsystem, das durch Erfahrungen und Exposition gegenüber Krankheitserregern entwickelt wird, ist das Innate Immunsystem bereits bei der Geburt vorhanden und bietet eine sofortige Abwehrreaktion.

In der Philosophie kann das Konzept des

"Innate Wissens" diskutiert werden, was darauf hinweist, dass bestimmte Erkenntnisse oder Prinzipien von Natur aus im Geist eines Menschen vorhanden sind, ohne dass sie durch Erfahrung erworben werden müssen.

Insgesamt bezieht sich das "Innate" auf etwas Grundlegendes und Unveränderliches, das von Natur aus gegeben ist und nicht durch äußere Einflüsse geformt wird.

Es spielt eine wichtige Rolle in verschiedenen Disziplinen und kann helfen zu verstehen, wie bestimmte Eigenschaften oder Prozesse in uns angelegt sind.

Wenn du Kinder hast, dann hast du das Innate/Angeborene bereits beobachtet. Es gibt verschiedene Charaktereigenschaften, die dein Kind von Geburt an mitbringt und die sich nie verändert haben, immer gleich geblieben sind. Das ist auch etwas anderes als der Charakter.

Der Charakter ist formbar, das Innate/Angeborene nicht.

Die Chaostheorie

Die Chaostheorie ist ein wissenschaftliches Konzept, das sich mit komplexen, nichtlinearen Systemen befasst, die empfindlich auf anfängliche Bedingungen reagieren. Sie wurde in den 1960er und 1970er Jahren entwickelt und hat Anwendungen in verschiedenen Bereichen wie Physik, Biologie, Ökonomie und Meteorologie. Ein zentrales Konzept der Chaostheorie ist der sogenannte "Schmetterlingseffekt", der besagt, dass kleine Veränderungen in den Bedingungen eines Systems zu großen Ergebnissen führen können. Dies bedeutet, dass selbst winzige Unterschiede im System zu stark unterschiedlichen Ergebnissen führen kann.

Die Verbindung zwischen der Chaostheorie und Spiritualität ist ein interessantes Thema, das verschiedene Perspektiven und Interpretationen zulässt. Einige Menschen sehen in der Chaostheorie eine spirituelle Dimension, die tiefe Einsichten über die Natur des Universums bietet.

Die Chaostheorie ist für mich ein zentraler Indikator dafür, dass Wünsche, Aufrufe an das Universum und Heilung möglich sind. Man verändert etwas in seinem System, seiner Überzeugung, seinem Glauben an sich selbst, an höhere Mächte, sein Innate, und die Auswirkungen können fantastisch und enorm sein. Wie sonst könnte man erklären, dass Menschen Krankheiten überleben, die andere nicht überstanden haben?

Dieses Wunder ist vielen Menschen widerfahren, weil sie selbst etwas beigetragen, etwas losgelassen und daran geglaubt haben.

Henry Ford hat gesagt:

Egal ob du glaubst, du kannst es –

oder du glaubst, du kannst es nicht,

du wirst auf jeden Fall Recht behalten!

In der Bibel steht:

"Es geschieht nach deinem Glauben" aus dem Neuen Testament im Buch Matthäus 9, Vers 29.

Hier ist eine Passage in der Lutherbibel:

"Dann rührte er ihre Augen an und sprach: Euch geschehe nach eurem Glauben." (Matthäus 9,29)

In diesem Bibelvers heilt Jesus zwei blinde Männer und sagt ihnen, dass ihr Glaube entscheidend für ihre Heilung ist.

Diese Aussage betont die Bedeutung des Glaubens und zeigt, dass der Glaube an Gott/Universum/Wunder/Heilung diese Wunder bewirken kann.

Diese Passage wird oft als Ermutigung verstanden, dass der Glaube an Gott/Universum und seine Macht uns helfen kann, Hindernisse zu überwinden und Heilung zu erfahren.

Es betont auch die persönliche Verantwortung jedes Einzelnen, seinen Glauben zu stärken und auf Gott/Universum zu vertrauen.

Der größte Toolbooster ist:

Liebe!

Liebe ist eine der mächtigsten und tiefsten Emotionen, die wir als Menschen erleben können. Sie durchdringt alle Aspekte unseres Seins und verbindet uns auf einer Ebene, die über das Materielle hinausgeht. Spirituelle Liebe geht über romantische oder familiäre Bindungen hinaus und umfasst eine universelle Verbundenheit mit allem, was existiert.

Spirituelle Liebe ist bedingungslos und frei von Egoismus. Sie ist ein Ausdruck des Göttlichen in uns, das uns lehrt, Mitgefühl, Vergebung und Akzeptanz zu praktizieren. Durch spirituelle Liebe erkennen wir die Einheit allen Lebens und erfahren tiefe Harmonie und Frieden in unseren Beziehungen.

Die Praxis der Liebe beinhaltet Selbstliebe als Grundlage. Indem wir uns selbst annehmen und respektieren, können wir auch anderen bedingungslose Liebe schenken. Liebe erfordert ein offenes Herz und die Bereitschaft, sich verwundbar zu zeigen. Sie ermöglicht es uns, authentisch zu sein und unsere wahre Natur zum Ausdruck zu bringen.

Liebe bedeutet auch, anderen mit Respekt und Wertschätzung zu begegnen, unabhängig von ihren Handlungen oder Überzeugungen. Sie ermutigt uns dazu, Mitgefühl zu zeigen und Verständnis für die Herausforderungen anderer zu entwickeln. Durch Liebe können wir Brücken bauen und Trennendes überwinden.

Die Praxis der spirituellen Liebe führt zur Erweiterung des Bewusstseins und zur Entfaltung des spirituellen Potenzials eines jeden Menschen. Sie hilft uns dabei, unser Herz zu öffnen und die göttliche Essenz in jedem Lebewesen zu erkennen. Spirituelle Liebe ist eine Quelle der Heilung und Transformation, die uns daran erinnert, dass wir alle Teil eines größeren Ganzen sind.

In der Tradition wird die universelle Liebe als höchste Kraft betrachtet, die das Universum zusammenhält. Sie ist das Band, das alle Wesen miteinander verbindet und ihnen ermöglicht, in Harmonie miteinander zu leben. Durch die Praxis der Liebe können wir Frieden in uns selbst finden und ihn in die Welt tragen.

Spirituelle Liebe ist ein Weg der Erleuchtung und des inneren Wachstums. Sie führt uns zur Einsicht in die wahre Natur des Seins und zur Erfahrung der Einheit allen Lebens. Indem wir spirituelle Liebe kultivieren, können wir Licht und Heilung in die Welt bringen und einen positiven Beitrag zur Evolution des

Bewusstseins leisten.

In ihrer reinsten Form ist spirituelle Liebe transformativ und transzendierend. Sie erhebt uns über unsere begrenzten Vorstellungen von Trennung und Dualität hinweg und führt uns zur Erfahrung der Einheit mit dem Universum/Göttlichen. Durch spirituelle Liebe können wir unsere wahre Bestimmung als göttliche Wesen erkennen und unser Leben im Einklang mit dem universellen Fluss gestalten.

Insgesamt ist spirituelle Liebe eine Quelle unendlicher Freude, Frieden und Erfüllung. Wenn wir sie in unserem Herzen tragen und sie in all unseren Beziehungen zum Ausdruck bringen, können wir wahre Wunder erleben und ein Leben voller bedingungsloser Liebe führen.

Fang gerne bei dir selber an. Lerne dich selbst, deinen Körper, deine Seele, dein Innate zu lieben und wertzuschätzen.

Du bist ein einzigartiges Wesen, mit einer einzigartigen Mission. Erst wenn dir das vollkommen bewusst ist, kannst du dein wahres Ich, dein wahres Leben, deinen wahren Zweck finden und erfüllen.

Ich glaube, dass Liebe die größte Medizin ist.

Ich glaube an Synchronizitäten, die uns im Außen spiegeln, was wir im Innen tragen, oder erreichen können.

Sicherlich hast du schon Videos von ausgesetzten, misshandelten und gequälten Tieren gesehen. Diese Tiere, unabhängig von ihrer Art, gewinnen Vertrauen zu uns Menschen und heilen durch die Liebe und Sorgfalt, die wir ihnen entgegenbringen. Ich bin fest davon überzeugt, dass auch wir Menschen alles heilen können, wenn wir es mit Liebe und Sorgfalt angehen.

Ich denke dabei in großen Dimensionen – bis hin zum Weltfrieden.

In den Videos sieht man Löwen, Elefanten, Waschbären, Wölfe, Adler – jede Tierart und -gattung zeigt sich liebevoll gegenüber Menschen, wenn sie mit Menschen aufwachsen oder von ihnen geheilt und gerettet werden.

Dies beobachte ich jedes Jahr auch bei den Taubenjungen.

Vor meinem Schlafzimmerfenster steht ein uralter, riesiger Baum. Dort brüten die Tauben jedes Jahr in einem Nest direkt vor meinem Fenster.

Meist gibt es nur ein Jungtier. Wenn dieses Jungtier seinen ersten Ausflug unternimmt und am Boden herumläuft, hat es keine Angst vor mir. Es nähert sich mir und läuft um mich herum. Doch zwei Tage später ist das anders. Innerhalb von zwei Tagen lernt das Küken, dass es wegfliegen muss, wenn Menschen näherkommen. Es fliegt auch weg, wenn ich mich nähere.

Das war nicht die Geburtsprägung :-)

Was wäre, wenn wir uns daran erinnern könnten, dass wir alle im Grunde gleich sind? Dass wir alle mit Vertrauen und Liebe auf diesen Planeten kommen und nur durch das Nachahmen unserer Eltern Verhaltensweisen annehmen, die uns schützen sollen?

Tief in unserer Seele, im Innate, existiert ein riesiges Feld aus Liebe und Vertrauen, das uns innewohnt. Stellen wir uns vor, wie schön es wäre, wenn wir unsere Schutzmuster durch Liebe und Vertrauen ersetzen könnten. Ich erkenne an, dass es Menschen gibt, für die unsere Schutzmuster absolut notwendig sind.

Selbst wenn wir nicht allen Menschen vertrauen können, so ist es doch möglich, dem Universum unser vollständiges Vertrauen zu schenken. Es ist durchaus lohnenswert, unser

Bewusstsein wieder schutzlos für unsere Liebe und für das Universum zu öffnen.

Letzte Woche bei der Begleithundeausbildung gab es eine solch wunderbare und beeindruckende Situation. Während der Übung „Platz" sprang plötzlich einer der Hunde auf und rannte davon. Kurz darauf folgte ihm ein zweiter Hund. Sie ließen sich nicht einfangen und entfernten sich immer weiter. Was als Spiel begann, wurde ernst. In diesem Moment sprang ein dritter Hund (Alma) auf, lief zu den beiden, die sich bereits weit entfernt hatten, und platzierte sich wie eine Mauer genau zwischen die streitenden Hunde. Alma tat nichts weiter, sie stand einfach fest und neutral dazwischen. Die beiden Streithunde, einer links, einer rechts, sahen sich kurz an und kehrten dann zur Gruppe zurück.

Alma war nicht dazu aufgefordert worden. Es war ihr Innate, das ihr sagte, dass dies nicht richtig ist und sie eingreifen und regulieren muss.

Das wäre auch für uns Menschen eine wunderbare Möglichkeit. Nicht zu bewerten, keine Partei zu ergreifen, nicht zu verurteilen, keine Emotionen hinzuzufügen, sondern einfach zu handeln und Geduld zu haben.

Wäre Alma ein durchschnittlicher Mensch gewesen, hätte sie vielleicht ein Urteil gefällt, Partei ergriffen und sich auf die Seite eines der Hunde gestellt, was zu einem zwei gegen einen Konflikt geführt hätte.

Wenn Menschen andere mobben, wäre es oft schnell vorbei, wenn niemand mitmachen würde.

Meine moralischen und ethischen Ansprüche mögen für die heutige Zeit als sehr hoch gelten. Doch vielleicht sind sie genau das Richtige für Frieden und Zusammenhalt. Ich denke, dass viele Menschen so unsicher sind, dass sie externe Statussymbole benötigen, um sich gut, richtig und wichtig zu fühlen. Dieses Phänomen zieht sich durch die Jahrhunderte. Viele streben auf die eine oder andere Weise nach Macht. Leider sind manche bereit, schreckliche Dinge zu tun, um Macht zu erlangen. Das ist keine Liebe.

Macht und Anerkennung scheinen die wahren Maßstäbe zu sein, an denen sich viele messen. Es geht nicht wirklich um Geld und Status, sondern um die Macht und Anerkennung, die sie durch Geld und Status gewinnen können.

Menschen mit dieser Einstellung konzentrieren sich immer auf äußere Werte anstatt auf innere. Ich glaube, dass dies so bleiben wird, solange es genug andere gibt, die Menschen für ihr Äußeres und ihre Macht bewundern.

Wer Machtdenken unterstützt, fördert eine Zweiklassengesellschaft und hat noch nicht erkannt, dass es keine besseren oder schlechteren Menschen gibt. Viele orientieren sich nach „oben". Für mich bedeutet sich nach „oben" zu orientieren, sich zum Universum hin auszurichten. Für andere bedeutet es, zur Machtelite zu gehören.

Die Welt wird aus dem Gleichgewicht geraten, solange Menschen glauben, dass Millionäre besser sind als Müllwerker.

Stell dir vor, Millionäre würden einen Monat lang streiken und nichts tun – wir würden es wahrscheinlich gar nicht bemerken. Aber wenn die Müllwerker einen Monat streiken würden, wäre das eine ganz andere Geschichte.

Ich mache ähnliche Erfahrungen mit Privatpatienten. Nicht alle, aber viele erwarten eine Sonderbehandlung und verhalten sich herablassend, als ob sie nur mit Professoren und nicht mit Therapeuten wie uns arbeiten würden. Ich behandle jedoch jeden gleich.

Manche sind sogar der Meinung, dass gesetzlich Versicherte eine schlechtere Behandlung erhalten sollten. Solche Einstellungen kann ich gut missen, und ich würde jederzeit lieber mit einem Müllwerker als mit einem solchen privatversicherten Snob ein Bier trinken.

Ein Snob ist übrigens eine Person, die sich übermäßig auf ihre vermeintliche Überlegenheit in Bezug auf soziale Klasse, Bildung, Geschmack oder andere Merkmale gegenüber anderen Menschen einbildet. Snobs neigen dazu, abwertend auf diejenigen herabzusehen, die ihrer Meinung nach nicht ihren Standards entsprechen oder nicht zu ihrer sozialen Gruppe gehören.

Diese Denkweise ist eher dem Mittelalter zuzuordnen als den heutigen Möglichkeiten eines offenen Geistes.

Menschen, die ihren Geist und ihr Herz öffnen, erleben eine tiefe spirituelle Verbundenheit mit sich selbst, anderen und dem Universum. Sie sind in der Lage, über oberflächliche Unterschiede und Urteile hinauszuschauen und eine tiefere Ebene der Verbindung und Empathie zu erreichen.

Menschen, die ihren Geist öffnen können, sind

offen für neue Ideen, Perspektiven und Erfahrungen. Sie sind bereit, alte Überzeugungen und Vorurteile loszulassen und sich für das Unbekannte zu öffnen. Durch Offenheit des Geistes können sie Wachstum, Lernen und persönliche Entwicklung fördern.

Diejenigen, die ihr Herz und ihre Liebe öffnen können, zeigen Mitgefühl, Empathie und Liebe gegenüber sich selbst und anderen. Sie sind in der Lage, tiefes Verständnis und Akzeptanz für die Gefühle und Bedürfnisse anderer zu entwickeln. Indem sie ihr Herz öffnen, können sie Heilung, Verbundenheit und Harmonie in ihren Beziehungen schaffen.

Menschen, die sowohl ihren Geist als auch ihr Herz öffnen können, leben im Einklang mit ihrer wahren Natur und ihrem höheren Selbst. Sie erkennen die Einheit allen Lebens und erfahren eine tiefe spirituelle Verbundenheit mit allem, was existiert. Durch die Öffnung von Geist und Herz können sie Frieden, Freude und Erfüllung in ihrem Leben finden.

Es erfordert Mut, Verletzlichkeit und Selbstreflexion, um den Geist und das Herz zu öffnen. Es bedeutet auch, sich von Angst, Egoismus und Begrenzungen zu befreien. Doch der Lohn dafür ist groß: Die Fähigkeit zur bedingungslosen Liebe, zur inneren Ruhe und zum spirituellen Wachstum.

Insgesamt sind diejenigen, die ihren Geist und ihr Herz öffnen können, Quellen des Lichts und der Inspiration für andere. Sie strahlen eine positive Energie aus und tragen dazu bei, eine Welt des Mitgefühls, der Liebe und des Friedens zu erschaffen. Mögen wir alle danach streben, unseren Geist zu öffnen, unser Herz zu entfalten und unsere wahre Essenz als göttliche Wesen zum Ausdruck zu bringen. So sei es.

Wir müssen nur anfangen und es einfach tun.

Ich habe viel Zeit darauf verwendet, nach Anhaltspunkten zu suchen, die erklären könnten, warum einige Menschen heilen können und andere völlig verschlossen und unzugänglich dafür bleiben. Zunächst dachte ich, es läge am fehlenden Wissen, aber das war definitiv nicht der einzige Grund. Auch wenn ich das erforderliche Wissen weitergegeben hatte, war keine Veränderung feststellbar.

Vor einigen Jahren bin ich bei meiner Suche auf das Seelenmodell gestoßen.

Das Seelenalter

Das Konzept des Seelenalters bezieht sich auf die Idee, dass die Seele eines Menschen im Laufe ihrer Existenz eine gewisse Reife und Entwicklung durchläuft. Es geht davon aus, dass die Seele nicht nur durch das biologische Alter definiert wird, sondern auch durch spirituelle Erfahrungen, Lernprozesse und persönliches Wachstum.

Es wird angenommen, es gibt:
4% alte Seelen gibt,
22% reife Seelen,
41% junge Seelen,
18% Kinderseelen,
15% Säuglingsseelen

Jede Seele hat ihre eigenen Aufgaben. Das Thema ist wirklich komplex und ich möchte dich bitten, wenn das mit dir in Resonanz geht, eigenständig Informationen zu suchen.

Das Seelenalter kann als Metapher verwendet werden, um den spirituellen Fortschritt einer Person zu beschreiben. Es wird angenommen, dass Menschen in verschiedenen Inkarnationen unterschiedliche spirituelle Entwicklungsstufen durchlaufen, die ihr Verständnis von sich selbst, anderen und der

Welt um sie herum beeinflussen.

Es gibt verschiedene Ansätze zur Klassifizierung des Seelenalters, darunter das Konzept der "alten Seele", das darauf hinweist, dass eine Person viele Inkarnationen erlebt hat und daher eine tiefe Weisheit und spirituelle Reife besitzt. Auf der anderen Seite steht das Konzept der "jungen Seele", das auf weniger Erfahrung und spirituellem Wachstum hinweist.

Das könnte ich mir sehr gut vorstellen. Natürlich kann man von einer jungen Seele nicht erwarten, so hoch entwickelt zu sein, wie eine alte Seele.

Wenn du das Gefühl hast, ebenfalls eine reife oder alte Seele zu sein, dann weißt du, dass auch du irgendwann eine Babyseele, junge Seele oder Kinderseele warst und all diese Eigenschaften, die du jetzt nicht mehr verstehst, selber durchlebt und anderen zugemutet hast.

Während meiner Ausbildung zur Energiemedizinerin machte mich Alberto Villoldo auf eine schamanische Perspektive der Existenz aufmerksam.

In der schamanischen Tradition wird oft von

den "vier Gehirnen" gesprochen, die verschiedene Ebenen des Bewusstseins und der Wahrnehmung repräsentieren. Diese Konzept basiert auf der Idee, dass der Mensch nicht nur ein physisches Gehirn hat, sondern auch andere energetische Zentren oder "Gehirne", die mit verschiedenen Aspekten des Seins verbunden sind. Hier sind die vier Gehirne und ihre Bedeutungen in der schamanischen Sichtweise:

1. Das Kopfgehirn: Dies entspricht dem physischen Gehirn und repräsentiert das rationale Denken, die Logik und das analytische Verständnis. Es ist mit dem Element Luft verbunden und steht für Klarheit, Intellekt und Bewusstsein. Es wird auch Reptiliengehirn genannt , steuert unser autonomes Nervensystem und niedere Instinkte.

2. Das Herzgehirn: Das Herz wird oft als zweites Gehirn betrachtet, da es eine starke energetische Verbindung zum emotionalen und intuitiven Bewusstsein hat. Es symbolisiert Mitgefühl, Liebe, Empathie und emotionale Intelligenz. Es ist mit dem Element Wasser verbunden. Die Schamanen nennen es auch

Säugetiergehirn. Es ist für Emotionen, Kampf, Flucht, Fortpflanzung, Hunger zuständig.

3. Das Bauchgehirn: Dieses Gehirn befindet sich im Solarplexus-Bereich und wird oft als Sitz der Instinkte, der Intuition und der Lebenskraft angesehen. Es repräsentiert das Bauchgefühl, die innere Weisheit und die Verbindung zur Natur. Es ist mit dem Element Erde verbunden. Schamanisch sagt man Limbisches Gehirn. Für Gefühle, Neokortex, Mathematik, Verknüfungen.

4. Das spirituelle Gehirn: wird manchmal als Kronenchakra oder spirituelles Zentrum bezeichnet. Es symbolisiert die Verbindung zur göttlichen Quelle, zur universellen Weisheit und zur transzendentalen Erfahrung. Es ist mit dem Element Äther oder Spirit verbunden. Das spirituelle Gehirn heißt bei den Schamanen auch Gott Gehirn. Es schaltet die höheren Funktionen und die Gene.

In der schamanischen Praxis wird oft darauf hingewiesen, dass ein Gleichgewicht erforderlich ist, um ein ganzheitliches Bewusstsein zu erreichen. Indem alle Ebenen des Seins – den Verstand, das Herz, den Bauch und das Spirituelle – in Einklang bringt und integriert, kann man eine tiefere Verbindung zu sich selbst, zur Natur und zum Universum herstellen.

Legt man die Weisheit der alten Medizinmänner und das Seelenmodell zusammen, könnte man annehmen, dass junge Seelen vom Reptiliengehirn gesteuert werden, während alte Seelen ein sogenanntes Gottgehirn verwenden.

Wenn wir im Leben auf Menschen treffen, die anders reagieren, agieren, denken und handeln, könnte es ein Zeichen von großem Verständnis sein, anzunehmen, dass sie auf ihrer Seelenreise noch nicht so weit fortgeschritten sind und mit Vertrauen und Wohlwollen auf ihre Verhaltensweisen zu reagieren.

Es wäre sinnlos, etwas zu erwarten, was noch nicht möglich ist.

Von kleinen Kindern würden wir schließlich auch nicht erwarten, dass sie eine Masterarbeit schreiben. :-)

Wenn sich die 22% reifen Seelen und 41% jungen Seelen gemäß dem Chaosprinzip auch nur geringfügig weiterentwickeln und mehr Liebe, Wohlwollen, Bewusstsein und Güte in die Welt tragen würden, könnten wir bahnbrechende positive Veränderungen herbeiführen.

Liebes Universum, liebe/r LeserIn, ich wünsche mir, dass alle, die diese Fähigkeit besitzen, Freude daran haben, sie zu nutzen und den Planeten sowie die Menschheit in eine friedvolle Zeit führen.

Checkliste: Wie kann es gehen? Wie kannst du direkt loslegen?

1. ist das, was du dir wünscht, für dich und deine persönliche Entwicklung bestimmt?

2. Ist dein Wunsch wohlwollend für dich, das Universum, die Welt, Menschen, Lebewesen?

3. Hast du den Wunsch richtig formuliert?

4. Ist dein Wunsch so groß, dass du dich zur Mitarbeit verpflichten kannst?

5. Das ist schon alles. Leg los.

"Zur Mitarbeit verpflichten" bedeutet, dass du dich dazu bereit erklärst, aktiv an deinem bestimmten Projekt, deinem Wunsch mit zu kreieren und deinen Beitrag zu leisten. Besonders in den Bereichen Denken, Handeln und Fühlen. Wenn du dir z.B. wünscht, besser mit Kritik umzugehen, dann kann es ein guter Schritt sein, dir selber zu überlegen was genau dich kränkt? Prüfe bitte auch, warum du die kränkende Kritik glauben möchtest, was du ja nicht musst? Was steckt in Wahrheit dahinter? Überlege dir, wie du bei Kritik reagieren möchtest? Möchtest du einfach sagen: danke für dein Feedback? Oder eher, gib mir mal 10 Minuten Zeit zum drüber nachdenken und lass uns später drüber sprechen.

Das Universum sagt dir nicht, wie du etwas tun sollst. Du hast immer selber die Wahl. Das Universum unterstützt deinen Wunsch durch Synchronizitäten und Kraft.

Synchronizitäten sind bedeutungsvolle Zufälle oder Ereignisse, die in einem bestimmten Zusammenhang auftreten und oft als Zeichen oder Hinweise interpretiert werden. Carl Gustav Jung, das als "bedeutsame Zufälle" , die nicht zufällig sind, sondern eine tiefere Verbindung zwischen dem inneren Erleben und äußeren Ereignissen aufzeigen.

Synchronizitäten

Sind bedeutungsvolle Zufälle oder Ereignisse, die in einem bestimmten Zusammenhang auftreten und oft als Zeichen oder Hinweise interpretiert werden. Der Begriff wurde populär durch den Psychologen Carl Gustav Jung, der ihn als "bedeutsame Zufälle" beschrieb, die nicht einfach nur zufällig sind, sondern eine tiefere Verbindung zwischen dem inneren Erleben eines Menschen und äußeren Ereignissen aufzeigen.

In einem spirituellen Kontext haben Synchronizitäten mehrere Bedeutungen:

1. Zeichen des Universums: Viele Menschen glauben, dass Synchronizitäten Botschaften oder Zeichen des Universums sind. Sie können als Bestätigung für Entscheidungen oder Lebenswege interpretiert werden und helfen, Klarheit über persönliche Fragen oder Herausforderungen zu gewinnen.

2. Verbindung von Geist und Materie: Synchronizitäten verdeutlichen oft die Verbindung zwischen dem inneren Bewusstsein (Gedanken, Gefühle,

Intuition) und der äußeren Welt. Sie zeigen, dass es eine tiefere Ordnung im Leben gibt, das über das rein Physische hinausgeht.

3. Erinnerung an die Einheit: Spirituell betrachtet können Synchronizitäten als Erinnerung an die Einheit aller Dinge angesehen werden. Sie verdeutlichen, dass alles miteinander verbunden ist und dass unsere Gedanken und Absichten Einfluss auf die Realität haben können.

4. Anzeichen für persönliche Entwicklung: Häufig treten Synchronizitäten in Zeiten persönlicher Transformation oder spiritueller Entwicklung auf. Sie können als Wegweiser dienen, um uns auf den richtigen Pfad zu führen oder zu ermutigen, bestimmte Schritte zu unternehmen.

5. Intuition stärken: Die Wahrnehmung von Synchronizitäten kann auch dazu beitragen, das Vertrauen in die eigene Intuition zu stärken. Wenn Menschen beginnen, diese bedeutungsvollen Zufälle wahrzunehmen, kann dies ihre Fähigkeit fördern, intuitiv zu handeln und Entscheidungen zu treffen.

Du wirst diese Synchronizitäten erkennen, wenn du auf dem Weg bist. Vertrau mir.

Vielleicht noch ein kleines Special, wenn es um deine Gesundheit geht.

98% aller Erkrankungen sind durch übermäßigen Stress ausgelöst.

Nur 2% beruhen auf genetischen Schäden, Viren, Bakterien, Pilzen u.ä.

Gesundheits Special

Der erste Schritt zur Genesung ist das Erkennen der inneren Stressquellen. Deine Intuition kennt diese bereits sehr genau und das schon seit geraumer Zeit. Der Körper bietet ungefähr zehn Jahre Zeit, um Ungleichgewichte zu korrigieren, bevor ernsthafte Krankheiten entstehen. Möchtest du eine Veränderung herbeiführen, musst du einen anderen Weg einschlagen als bisher. Folgst du weiterhin dem alten Pfad, wird am Ende keine Gesundheit stehen.

In paar Beispiele:

Menschen die schnell aufbrausen, bei denen sich alles ums Geld oder Macht dreht, bekommen Herzinfarkte.

Menschen, die sich schnell kritisiert fühlen und voller Groll sind, bekommen Rheuma und/oder Fibromyalgie.

Menschen, die sehr stur sind und sich weigern, neues anzunehmen und sich ebenfalls weigern, Veränderungen zu akzeptieren, sind oft Schlaganfall und Demenz gefährdet.

Menschen, die dem leben nichts schönes abgewinnen können, bekommen Diabetes.

Für jede Erkrankung gibt es ein psycho-somatisches Muster. Du kannst dich heilen und rufe gern das Universum dazu.

Ich gebe dir ein starkes Beispiel für den Ruf ans Universum:

Liebes Universum, ich weiß nicht, was das Beste für mich ist. Aber du Universum (oder/und Engel, Jesus, Gott, Allah, Buddha, spirit Guides, aufgestiegene Meister, Melek Metatron, Erzengel Michael, etc, etc.) du weißt es. Bitte führe und leite mich zu meinem höchsten Wohl. Danke. Amen.

Der aufgestiegene Meister Sanat Kumara hat eine Invokation , die ich dir ebenfalls anbieten möchte.

Invokation:

Ich bin bereit, mein inneres Licht und meinen göttlichen Funken erstrahlen zu lassen.

Ich bin bereit, die geistige Welt in mein Leben einzuladen und mich führen zu lassen.

Ich bin bereit, meine Hellsinne zu aktivieren, sie in meinen Alltag zu integrieren um dem höchsten Wohl zu dienen.

Ich erinnere mich an die Magie, die Energie und meine Heilfähigkeiten aus vergangenen Leben und anderen Welten.

Ich weiß, wer ich wirklich bin, was meine Aufgabe ist und warum ich hier bin.

Ich folge meinem Seelenplan, dem großen, göttlichen Plan.

Ich bin bereit, meine wahre Größe zu leben und ein Kanal für die geistige Welt zu sein.

Ich bin bereit für den Aufstieg.

Ich bin bereit.

Du kannst dir das verkürzen, oder Worte ersetzen, die für dich besser passen. Die Invokation ist besonders bei gesundheitlichen Wünschen sehr schön.

Oder:

Liebes Universum, ich wünsche mir, meinem System bedingungslose Liebe zu schenken. Danke.

Oder:

Liebes Universum, ich bin bereit gesund zu werden. Bitte unterstütze mich in meiner Heilarbeit. Ich hätte gern..xyz. Danke.

Oder:

Liebes Universum, ich wünsche mir mentale Offenheit, Empathie und Mitgefühl. Ich bin bereit alte Muster zu verändern. Danke.

Am schönsten ist es immer, wenn du deine eigenen Worte findest.

Hier ist Platz, um deinen ersten Ruf aufzuschreiben:

Mein 1. Wunsch

Ich rufe das Universum:

Liebes Universum,

....

....

....

....

....

....

....

....

....

Mein 2 Wunsch

Ich rufe das Universum:

Liebes Universum,

....

....

....

....

....

....

....

....

....

Mein 3. Wunsch

Ich rufe das Universum:

Liebes Universum,

....

....

....

....

....

....

....

....

....

Natürlich kannst du unzählige Wünsche zu jeder Zeit formulieren.

Denke immer daran und glaube daran, dass wir alle vollkommen geboren sind. Alles, was wir benötigen, haben unsere Seele und unser Innate bereits in unser Leben gebracht. In Wahrheit mangelt es uns nie an etwas. Alles ist bereits vorhanden. Wir sind die Verkörperung der Fülle.

Manchmal haben wir nur noch nicht entdeckt, welche zahlreichen Möglichkeiten es gibt, oder wir haben gelegentlich das Gefühl, es fehle uns an etwas. Doch alles ist bereits da. Das ist ein Versprechen.

Schlusswort

In den Seiten dieses Buches haben wir gemeinsam eine Reise unternommen – eine Reise, die uns in die Tiefen unseres Bewusstseins und zu den unendlichen Möglichkeiten des Universums geführt hat.

Wir haben entdeckt, dass jeder von uns die Fähigkeit besitzt, mit der universellen Energie zu kommunizieren und unsere Realität aktiv zu gestalten.

Die Rufe an das Universum sind nicht nur Worte; sie sind Ausdruck unserer tiefsten Wünsche, Hoffnungen und Träume. Sie erinnern uns daran, dass wir Teil eines größeren Ganzen sind und dass unsere Gedanken und Absichten eine kraftvolle Resonanz erzeugen können. Wenn wir uns öffnen und bereit sind, zuzuhören, werden wir die Antworten finden, die wir suchen.

Möge dieses Buch dich inspirieren, deine eigene Stimme zu erheben und mutig in die Welt hinauszutragen, was in deinem Herzen brennt. Erinnere dich daran, dass du nie allein bist – das Universum hört dich immer. Es ist an der Zeit, deine Träume zu verwirklichen und das Leben zu leben, das du dir wünschst.

Lass uns weiterhin im Einklang mit dem Universum schwingen und die Magie des Lebens feiern. Die Reise endet hier nicht; sie beginnt gerade erst. Rufe das Universum – und es wird antworten.

In Dankbarkeit und Licht,

Deine ONEHA

Danksagung

Mein besonderer Dank geht an das Universum, die göttliche Frequenz und Intelligenz, mein Innate, meine Seele, das Quantenfeld, das morphogenetische Feld, die sozialen Medien, die Medizinmänner und -frauen, Alberto Villoldo, Louise Hay und den KI-unterstützten Chatbot, die alle zur Inspiration und Entwicklung meiner Gedanken beigetragen haben.

An dieser Stelle danke ich auch den toxischen Menschen in meinem Leben, ohne die meine Seelenreise ganz anders verlaufen wäre.

Großes Dunkel bringt das große Licht hervor.

So sei es

Datenverarbeitung jeder Art nur mit
schriftlicher Genehmigung des Autors.

Herstellung und Verlag: BoD – Books
on Demand, Norderstedt

ISBN: 9783759761200

1. Auflage 2024

www.on1eha@web.de